像高手一样
脱稿讲话

Speak like a master

打造你的高光时刻

久久 —— 著

U0348690

机械工业出版社
CHINA MACHINE PRESS

公众场合脱稿讲话，既能体现讲话者的能力和水平，又能展现其态度和作风。本书用"模拟场景+鲜活案例+口诀公式"，帮助你逐步改变错误认知和思维定式，有效掌握脱稿讲话的方法和技巧，让你在关键时刻更好地表达心声、展现魅力，打造你的高光时刻。

本书分基础、进阶、高阶三篇，由浅入深、从易到难，带领你逐步领略脱稿讲话的魅力。基础篇，分享准备"脱稿"的正确姿势，帮助你把讲话稿从"手中"移到"心中"，化有形为无形。进阶篇，引导你庖丁解牛，对脱稿讲话的诸多细节，进行打磨提升，力求让脱稿讲话讲得更加出彩。高阶篇，帮助你提升思维能力，学会站着思考、脱口表达，从容、轻松地应对脱稿讲话的高阶阶段——即兴发言。

图书在版编目（CIP）数据

像高手一样脱稿讲话：打造你的高光时刻/久久著. —北京：机械工业出版社，2022.9（2024.11重印）
ISBN 978-7-111-71534-4

Ⅰ.①像… Ⅱ.①久… Ⅲ.①演讲-语言艺术
Ⅳ.①H019

中国版本图书馆 CIP 数据核字（2022）第 162684 号

机械工业出版社（北京市百万庄大街22号　邮政编码100037）
策划编辑：仇俊霞　　　　　责任编辑：仇俊霞
责任校对：薄萌钰　张　薇　责任印制：李　昂
北京联兴盛业印刷股份有限公司印刷

2024 年 11 月第 1 版第 18 次印刷
127mm×183mm·7.125 印张·128 千字
标准书号：ISBN 978-7-111-71534-4
定价：49.80 元

电话服务　　　　　　　　　网络服务
客服电话：010-88361066　　机 工 官 网：www.cmpbook.com
　　　　　010-88379833　　机 工 官 博：weibo.com/cmp1952
　　　　　010-68326294　　金 书 网：www.golden-book.com
封底无防伪标均为盗版　机工教育服务网：www.cmpedu.com

序　言

把脱稿讲话作为抓住发展机会的关键能力

本书出版前，编辑和作者通过"一问一答"的形式，围绕此书的一些问题进行了深度交流，以此作为本书序言。

1. 请给读者介绍一下写作本书的初心。

答：好的，我从三个层面来介绍。

一是时代变化让脱稿讲话越来越重要。网络时代，人人面前都有麦克风。作为职场人，每个人发表看法、表达观点的场合和机会越来越多、越来越频繁，但由此引发的负面效应和风险也越来越大。因为一句话被贴上标签、改变人生命运的案例屡见不鲜。掌握必要的脱稿讲话原则和方法已成为职场刚需。此外，随着组织机构的不断调整，组织内部的扁平化已成为大势所趋，这导致组织内部的沟通方式，包括领导方式也都在发生深刻变化。工作当中，随时脱稿发表意见、即兴分享想法，已成为普遍现象。在职场中想要获得更多的资源和成长，必须把握好每个脱稿讲话的机会。

二是公职人员对脱稿讲话有着更严格的要求。公职人员的当众脱稿讲话，不是简单的个人行为，其背后代表的是公权力，是一种职务行为。公职人员讲话水平的高低，往小了说，体现的是个人能力和水平；往大了说，代表着政府的作风和形象。公职人员学会脱稿讲话，在适合的场合说出适合自己身份、适合听众需求的话，非常重要且必要。前铁道部发言人王勇平，就是因为在"723动车事故"发布会上说了一句"不管你信不信，反正我信了"而深陷舆论漩涡良久。如果他不是新闻发言人，如果他不是在那个场合讲那句话，相信他的命运不会如此，但生活没有那么多如果。公职人员尤其是领导干部，更加需要培养脱稿讲话的能力和素质。

三是我想把经过实践检验的方法分享给更多的人。一直以来，我在工作之余坚持做"说话"的研究，并总结出一些实用方法和技巧，此前我写的《像高手一样发言：七种常见工作场景的说话之道》就是一本围绕公职人员工作实际的说话训练手册。后来我发现，许多人，包括一些领导干部，离开讲话稿就讲不了话，脱稿讲话成为很多人的梦魇，于是把精力转移到研究脱稿讲话上。本书介绍的脱稿讲话的三个阶段（或是三个步骤），全部是我自己在实践中经过失败、成功；再失败、再成功……这样的循环往复、一步一步总结出来的。为什么脱不了稿，原因是多方面的，但主要原因是缺少实践和练习的机会。因为脱稿讲话不是知识，是一种技能，需要大量有效的训练。我想把自己这么多年来的心得和体会分享给需要的人，帮助大家通过正确的原则和方法，不断地训练提升脱稿讲话的能力，奠定抓住机会、向上跃升的基础。

2. 能否介绍一下本书的框架结构和主要内容？

答：本书的整体框架结构，分为基础、进阶、高阶三篇。

基础篇是本书的核心内容，主要包括：如何正确准备脱稿讲话，培养坚强的心理素质，以及常用工作和生活场景下的讲话公式。这三项内容是基础篇的"一体两翼"。"一体"指脱稿讲话的正确准备方式，主要介绍了三点：按"点"准备、带"点"上场、逐"点"展开；"两翼"分别是培养坚强的心理素质与常用工作和生活场景下的讲话公式，这两翼是解决脱稿讲话不敢讲、不会讲的关键。基础篇是本书的根基，学习掌握了这部分内容，相当于脱稿讲话入了门，可以帮助读者达到 60 分及格线，对于各类常见的工作和生活场景，能够应对自如、侃侃而谈。

进阶篇是基础篇的进阶延伸，主要是帮助读者在入门基础上，通过对脱稿讲话细节的精雕细琢，实现"讲得更好"的目标，力争把脱稿讲话从 60 分提高到 80 分甚至更高。本篇的主要内容包括，如何讲好脱稿讲话的开头和结尾，如何运用目光、手势、表情等态势语言，如何使用常见的修辞手法，如何应对脱稿讲话的突发状况等，通过带领读者庖丁解牛、打磨升级，着力提升脱稿讲话出彩的能力。

高阶篇是本书的难点部分，主要讲的是脱稿讲话的一种特殊形式，就是在没有准备的情况下的脱稿讲话——即兴发言。本篇通过修正一般人对即兴发言的认识误区，介绍常用的即兴发言基本框架：凤头＋猪肚＋豹尾，提供搭建框架的具体内容和方法，以及即兴发言的思维训练，帮助读者在没有准备的情况下，提升反应速度，学会站着思考、脱口表达。

3. 书中介绍了许多工作和生活场景下的发言公式，和写文章列提纲很类似，能否谈谈机关里"写"和"说"之间的异同？

答：这是个很好的问题。书中的常用工作和生活场景下的发言公式与写文章列提纲确实很类似，这在某种程度上说明了"写"和"说"之间的关联和相通。从本质上讲，文章和说话都是思想情感的载体，是人与人交流沟通的工具，只不过前者是书面语，后者是口语。从本质上来讲，两者是一样的。从运用的角度分析，机关里的文章属于公文，有固定的格式和规范要求，不能想写什么就写什么，更不能想怎么写就怎么写。公务员的讲话也同样如此，与群众交流、对外发布消息、面对采访说明情况等都是职务行为，也要遵循相应的规范和要求。所以说，机关里的"写"和"说"都有一定的规律。机关里，写得好或说得好的人，往往都是掌握并运用规律的人，这就是"写"和"说"的相同之处。

"写"和"说"的主要区别在于两者评判标准不一样。"说"得好还是不好，除了说话内容本身外，还要考虑其他非语言因素，如讲话者的表情、目光、手势等，以及由此反映的讲话者的情绪、情感状态等，而文章的评判标准就相对单一，完全看内容本身。此外，"说"的流动性、变化性要比"写"更强，评判一篇文章时，主动权掌握在读者手中。看得懂，就继续往下看，不理解或是没看懂，还可以回过头来，再仔细反复琢磨。但在评判说话内容时，听众往往比较被动，要想听清楚、听明白，就需要紧跟讲话者的步伐。如果讲话者说得不清楚或是一闪而过，听的人不可能再回过头去重新听一遍。另外，"写"和"说"的要求也不一样，前者一般要求严谨规范、准确贴切，后者需要通俗易懂、简单生动，好让人理解接受。

生活中经常会遇到一些写得好却说不好的人，这也说明，"写"和"说"之间需要转化、需要训练，而且这个现象在机关有一定的普遍性。机关对"写"的重视程度远远超过"说"。比如，只听说过"笔杆子"，但是从来没有听说过"话杆子"；机关经常让大家在一起"碰材料"，但从来没有见过人在一起"碰说话"的。老同志教育年轻人，经常语重心长地说：会"写"很重要，要吃得了苦、坐得了冷板凳；谈到"说"时，却告诫少说话多做事，沉默是金，言多必失。实际上，"说"的难度要超过"写"，我们小时候在"写"的方面下的功夫比较大，训练得也比较多，但是在"说"的方面，却很少有人去教，训练得也很不够。这也恰恰是本书的价值和存在的意义。

4. 读者如何提升脱稿讲话的能力，除了书中的内容，还有哪些好的建议？

答：关于如何提升脱稿讲话的能力，我想送给读者四句话。

一是把得体作为目标。脱稿讲话需要定个目标。中国有句名言，"取法其上，得乎其中。取法其中，仅得其下"。意思是说一个人制订了高目标，最后有可能只达到中等水平，而如果制订了一个中等的目标，最后有可能只达到低等水平。这句话告诉人们，无论是治学还是立事，一定要志存高远并为之努力奋斗。这句话本身没问题，但是如果用在脱稿讲话上，我感觉不合适。为什么？给自己定的目标越高，越是容易紧张，越是不放松，越没有好的发挥。我建议给脱稿讲话定的目标不应该是完美、精彩，更不能是不鸣则已、一鸣惊人，而是基于对听众、角色、场合需求的综合理解和整体判断，合适得体地完成脱稿讲话。**合适得体，在机关讲话的诸多要求中永远是排在第一位的。**在这个过程中，最重要的是把"心"放在外面，把自己从自我的世界中抽离出来，观察现场、观察他人、观察进展、观察细节，然后思考、跟进并随时动态调整讲话内容，而不是一味地沉浸在自己想象的世界里。

二是把心理作为突破点。提升脱稿讲话能力，首先需要关注的是心理层面。绝大多数人在这方面的问题，可以归结为两类：一类是胆怯害怕；另一类是过高的心理期望和表现欲望。这相当于两个极端，都是影响脱稿讲话效果的不良心态。在心理层面实现突破、调整、修正，强化自己的心理建设，归根结底是要能够控制自我。**只有控制自我，才能控制场面。**首先，原谅自己的失误、错误，接受自己的不完美。其次，害怕什么，就去面对什么！你害怕的，就是你所需要面对的。最后，给自己一定的时间和过程，不要把自己逼得太狠，逐步累积一点一滴的小胜利和成功体验，相信量变终会引起质变。

三是把实践作为路径。我有一位好友，他并没有像我这样在讲话方面深入地研究总结，但丝毫不影响他的水平和发挥。很多次，我由衷地感到对方在讲话方面的能力要强过于我。为什么会这样？还是那句话——实践出真知，在对方的成长过程中，讲话的实践机会要比我多得多，实践性做得比我强。即便自己在交流沟通方面已经出版过书，但并不意味着比那些没出过书的人要好。值得欣慰的是，我知道自己的短板并努力迎头赶上。讲话永远是一项技能，只有理论是不行的，关键是要实践，在实践中突破、改变、反思、收获、提升。只有实践，才能让理论的、静态的知识，真正变成自己的能力和习惯。

四是把积累作为基础。脱稿讲话，不是没有稿子，关键是要把手上的"有形稿"变成心中的"无形稿"。脱稿讲话的高水平和真知灼见，源自认真的准备和长时间的思考，要坚持长期主义，厚积薄发是王道。不要相信灵光乍现的高光时刻，那不是常态。只有专注于工作自身，去思考、总结、提炼，才能真正地解决问题，发挥自己的水平。老天对每个人都是公平的，你在积累方面下的功夫多了、到位了，某天、某个时刻、某个场合，一定会以另一种形式加倍偿还给你。要永远相信天道酬勤。

5. 这本书只适合公务员看吗？

答：不是，本书同样适合非公务员。书中讲的是公务员如何脱稿讲话，案例基本都是我在实际工作中遇到的，公务员身份的读者读起来会更有感觉，因为讲的就是身边人、身边事，都是工作和生活中的真实场景和真实案例。当然，这并不妨碍非公务员身份的读者阅读。因为本书除了讲脱稿讲话的技巧方法之外，也讲了脱稿讲话背后的规律以及相应的思维方式，而这些适合于任何群体。通过这本书，我希望读者都能去认识、掌握并实践语言背后的规律，由此拓展自身的思维和格局。比如说"准备"的话题，这是每个职场人都需要仔细考虑、严肃对待的。帮助读者通过脱稿讲话来提升个人思维认知和视野格局，这是我更大的心愿。

▋目 录▋

第二章　培养"敢讲"的强大心理

第三章　明确"会讲"的清晰思路

进阶篇　把握细节，力求出彩

高阶篇　提升段位，即兴发言

第九章　我眼中的即兴发言

第十章　开场要得体

第十一章　主体要有逻辑

01

基础篇

正确准备，
明晰思路

前三章是脱稿讲话的基础篇，教你正确准备脱稿讲话的方法，培养"敢讲"的强大心理，以及常见工作和生活场景中的脱稿讲话思路，为后面的进阶篇和高阶篇奠定基础。

第一章

准备脱稿讲话的正确姿势

要想脱稿讲话讲得好，首先要会正确地做好准备，将手上的"有形稿"转化为心中的"无形稿"。这样才能在众人面前脱口而出、侃侃而谈。

▨ 准备脱稿讲话，你的方式对吗？

脱稿讲话，将"有形稿"转化为"无形稿"，很多人的准备方式不正确，常见的错误准备方式是怎样的，正确的方式又应该怎么做呢？

○ 两种错误的脱稿讲话准备方式

日常工作中，一般有两种常见的错误脱稿讲话准备方式："裸讲"和"逐字逐句背稿"。

"裸讲"指讲话之前不做任何准备，完全靠现场发挥。这样做的结果，往往是想到哪、说到哪，经常说的是流水账，这不能作为我们追求的目标。有这样一句话：未经准备而站在听众面前讲话，无异于裸体示众；准备了一半，就等于只穿了一半的衣服。

有个经典案例，叫作"三个嗯，一个还有"。

举例：

小王所在单位每周五下午都要开例会，内容是每个人做本周工作总结。小王每次开会前都不做准备，会议开始后，才边听别人的内容边想自己的："嗯，我本周写了一篇领导讲话，参与了创建专题会议的会务工作；嗯，还配合张老师做了支部民主生活会的一些准备工作；还有就是做了单位网站的更新。嗯，就这样了。"

"逐字逐句背稿"的情况比较常见，尤其是在重要场合，如果规定要脱稿讲话，一般人通常会先把稿子写下来，然后再去逐字逐句地背。这种准备方式，也不提倡，因为不保险。英国前首相丘吉尔年轻时，在议会发表演说，经常是逐字逐句地把稿子全部背下来。有一次，他背到一半，突然忘词了，无论怎么回忆都想不出来，站在讲台上急得张口结舌，满头大汗。背稿子，一来容易出错，二来显得不自然，加上现场什么状况都有可能发生，稍有变化就会影响讲话者的发挥。

○ 准备脱稿讲话的正确姿势

"裸讲"和"逐字逐句背稿"都是错误的脱稿讲话准备方式，那什么才是正确的准备方式呢？答案是：按"点"准备。所谓的"点"，就是指讲话内容的核心思想和观点。按"点"准备，就是将脱稿讲话的内容，用浓缩的、简洁的，听众易于接受、讲话者易于理解记忆的关键字、词、句来进行提炼准备。

为什么要按"点"准备？按"点"准备的好处有哪些呢？

对于讲话者来说，按"点"准备能够帮助讲话者厘清讲话思路，想清楚自己到底要说什么？自己想说的核心思想和观点是什么？否则没法提炼。许多人脱稿讲话最大的问题，是搞不清楚自己到底要说什么，脑子里一锅粥、嘴里的话东一榔头西一棒槌。按"点"准备就逼迫自己从头到尾对讲话内容进行梳理总结。此外，逐字逐句把讲话稿一字不落地背下来，对于绝大多数人来说都不是一件易事。如果充分梳理并理解讲话的核心思想和观点，背诵就成为一件轻松的事。因为那些都成为自然的内心表达，根本不需要去刻意记忆背诵了。

对于听众来说，讲话者按"点"准备，则意味着听起来更加轻松愉悦，更易于理解接受。现代社会，大家普遍信息过载，很难做到深度思考和长久思考，思想和注意力的碎片化非常严重。讲话者如果没有很清楚地把核心思想和观点表达出来，那么听众是懒于分析、难以理解的。所谓大道至简，很多时候，脱稿讲话就犹如一本书、一种思想体系、一个人的主张，可以或应该浓缩成一句话。比如，就像尼采的"我是太阳"、黑格尔的"存在即合理"、萨特的"存在先于本质"、笛卡尔的"我思故我在"，还有2008年奥巴马参加美国总统大选的竞选口号"Yes，we can"一般，令人过耳不忘、印象深刻。

记得刚参加工作时，有一次处室领导安排我给单位一把手写一篇讲话稿。接到任务后，我铆足了劲，想要好好表现。两天两夜，我几乎没太合眼，从翻阅业务资料，到学习中央和省里部门的工作要求，再到借鉴外地先进经验，费了九牛二虎之力，逐字逐句地把稿子写好。心想，自己下这么大功夫，领导肯定会表扬几句。谁知道，稿子送到领导手上，对方却不太满意，说给他写讲话稿不需要逐字逐句地写，只要把核心要点列出提纲就好，逐字逐句写讲话稿会限制他的发挥。

事后，我按照领导的意见对讲话稿重新进行了梳理。这次很简单，把领导需要讲的核心意思变成了讲话提纲。交稿后，我特意去了会议现场，看领导的现场发挥。全程听完对方的脱稿讲话后，才觉得领导是真的水平高。他在现场基本脱稿，讲得头头是道，有观点思想，有案例故事，而且幽默生动、接地气。听完讲话之后，我心服口服。从那次以后，我养成了给领导写讲话稿的习惯，那就是在文字的押韵对称、尽善尽美方面，不去花过多的时间苦思冥想、精雕细琢，而把主要精力放在如何解决问题，如何把整篇讲话的核心要点、观点、思想用最简单的语言提炼出来。通过一段时间的训练，我感觉自己再写领导讲话稿变得越来越轻松。此外，自己去某些场合讲话，也大多按照这种方式来准备，感觉效果很好，且基本做到了脱稿讲话。

▓ 怎样找到"点"？

知道了什么是"点"，也明白了其重要性，关键问题是"点"从哪里来？这是我们重点要解决的问题。

怎样找到"点"？必须经过分析、列举、转化三个步骤。

○ 分析：培养三种意识

分析是找"点"列提纲最基础的步骤。在某个场合，到底讲什么？讲话思路如何确定？这是困扰许多人脱稿讲话的难题。这个步骤如果能掌握好，自然就不会紧张。如何分析呢？需要讲话者培养三种意识：场合意识、角色意识、听众意识。

场合意识

讲话前要分析判断讲话场合是什么类型，不同类型的场合有不同的讲话要求。如果是工作场合，大家围绕某个话题开展讨论，这时候发言就要注意简洁、有条理、重点突出。简洁指的是长话短说，不啰唆；有条理指的是讲话有条有理，先说什么、再说什么、最后说什么，分几个层次去说，让人一听就明白；然后在简洁、有条理的基础上，突出重点，把该讲的、想讲的说清楚、说到位。如果是社交场合，比如参加结婚典礼，此时讲话就要少讲道理、多说好话，可以适当开点玩笑，活跃现场气氛，让参与者轻松高兴。如果是商务场合，那就需要把工作场合和社交场合两者要求结合起来，既简洁、有条理、重点突出，又注意轻松愉悦，让现场不过于严肃、正式。只有对讲话场合的性质判断准确，才能把握好整个讲话的基调。

举例：

鲁迅有篇散文《立论》，讲一家人生了一个男孩，全家非常高兴。满月时，抱出来给客人看。一个人说这孩子将来要发财的，于是他得到一番感谢；一个人说这孩子将来要做官的，于是他收回几句恭维；一个人说这孩子将来是要死的，于是他得到一顿大家合力的痛打。这个故事中，孩子满月是喜事，尽管做官发财都只是信口之言，但在这种喜庆场合，主人愿意听，而说孩子将来必死确是言之有据，却使主人反感。所以，说话要看场合，到什么山唱什么歌。

角色意识

讲话时要分析讲话者扮演的是什么角色。同一个人在不同场合扮演着不同的角色，而不同的角色对说话的要求又是不一样的。网络上曾经有过一个段子，虽然是玩笑，但其反映的现象却是真实存在的。

举例：

说同样一个人，在下属面前是领导的角色，讲话可以说"我强调几句"；在领导面前又变成了下属的角色，讲话必须换成"我汇报几句";在同级面前又变成了同事的角色,讲话可以说"我补充几句"。角色不同,说话的角度、语气、内容都会有不同的要求。

听众意识

讲话者要充分考虑听众的年龄、身份、文化程度、心理需求等因素,在此基础上分析听众的想法和意愿,把讲话者的意图和听话者的需求结合统一起来,把话真正说到听众心里去。许多人脱稿讲话最大的问题就是不知道换位思考,只关注自己的想法和说话内容,至于听众想不想听、愿不愿意听,统统不管。没有听众意识,就会讲非所需,"台上轰轰烈烈,台下昏昏欲睡"也就不足为怪了。

要做好找"点"列提纲的第一步"分析",就必须具备场合意识、角色意识和听众意识,在综合三种意识的前提下,再来考虑讲话的内容。从某种意义上来说,这三个意识不仅对于如何讲话有作用,对于我们培养良好的思维方式和习惯、更好地做人做事也有借鉴和帮助。

◇ 模拟场景

上级机关领导到下级单位检查工作,要听取基层单位的工作汇报。作为汇报人要脱稿讲话,那该如何分析呢?

按三种意识进行分析:

一是场合意识。上级听汇报,这是正式场合,要整体考虑汇报的时间、汇报的框架内容等，在此基础上注意简洁、有条理、重点突出。一般情况下，上级听下级汇报，框架往往是"取得的成绩＋存在的问题＋下一步工作打算"三个部分。在这三个部分中，成绩既要讲全面，又要突出本地区、本部门的特色和亮点；讲问题既要谈主观，更要谈客观；讲下一步工作打算时，要结合存在的问题突出针对性和可操作性，这样才能凸显汇报者的能力和水平。

二是角色意识。汇报人在汇报中的角色是什么？如果是基层单位的一把手，那可以在谈工作时多谈自己的认识和思路，汇报相对宏观；如果是分管领导或部门领导，则需要多谈工作过程和细节，内容要相对微观。

三是听众意识。即上级领导想听什么，这需要认真思考或提前沟通了解，然后才能有的放矢地做好汇报准备。如果是年终检查，那就要汇报全年的总体工作；若是专题汇报，那就需要在全面的基础上，重点突出汇报专题，而且要尽可能谈深谈透。

汇报人经过这样一番思考和分析，对讲话稿从整体基调到具体内容，从脉络结构到相关细节等各个方面，都会有通盘考虑和整体谋划，讲话就更有针对性、实效性了。

○ 列举：找准讲话逻辑关系

完成找"点"的第一步"分析"之后，接下来就是第二步"列举"。所谓"列举",就是把第一步分析得出来的结论按照一定的逻辑关系进行排列,列出讲话提纲。

列举,首先是要尽可能地把能想到的讲话要点全部列出来,然后结合三种意识进行判断、筛选,接着用一定的逻辑关系,把散乱的要点串联起来,形成讲话提纲。在"列举"步骤中,最重要的是明确各个要点之间的逻辑关系,而这恰恰是许多人在脱稿讲话过程中最为欠缺的。比如前面提到的"三个嗯,一个还有"案例,其本质就是缺乏逻辑。

下面介绍几种常用的逻辑关系,可以在列举时运用。

时间逻辑关系

顾名思义,就是按照时间演变的自然顺序展开。时间逻辑关系是最容易让人理解和记忆的一种逻辑。著名诗人余光中在那首脍炙人口的作品《乡愁》里,就是按照"小时候—长大后—后来—现在"这样由远及近的时间顺序描绘了不同时期的思乡之情,用的就是时间逻辑关系。

小时候,乡愁是一枚小小的邮票,我在这头,母亲在那头。

长大后,乡愁是一张窄窄的船票,我在这头,新娘在那头。

后来啊,乡愁是一方矮矮的坟墓,我在外头,母亲在里头。

而现在,乡愁是一湾浅浅的海峡,我在这头,大陆在那头。

再比如,前文讲"分析"的模拟场景中提到的,下级给上级汇报工作用的讲话框架"取得的成绩+存在的问题+下一步工作打算"，这三个部分就是按照"过去＋现在＋将来"的时间逻辑关系展开的。

并列逻辑关系

并列逻辑关系指的是提纲内容相互并列，彼此互不隶属。比如在"取得的成绩＋存在的问题＋下一步工作打算"框架中，整体是按照时间逻辑关系排列的。但在讲每个部分的内容时，比如成绩，可以谈业务、党建、队伍建设等；再比如下一步工作打算，可以谈如何抓业务、如何带队伍、如何搞宣传等，这些就属于并列逻辑关系。

"提出问题—分析问题—解决问题"逻辑关系

这指的是提纲内容按照"提出问题—分析问题—解决问题"的思路逐一展开。比如，在给其他人介绍本书时，我首先会讲自己经历过或听说过的一些例子，提出许多人在面临脱稿讲话时遇到的问题；接着会分析导致无法脱稿讲话的三种原因——心理层面不敢讲、思路层面不会讲、内容层面讲不好；最后介绍这本书分三篇，由浅入深、从易到难，通过"模拟场景＋鲜活案例＋口诀公式"，帮助读者解决上述问题。这番介绍就是按照"提出问题——分析问题——解决问题"逻辑展开的。

"为什么—干什么—怎么干"逻辑关系

这种逻辑关系也相当于"阐明意义—明确任务—提出措

施"逻辑关系。许多领导在一些公开场合的讲话往往就是遵循这个思路。先说为什么要干，也就是阐明干这项工作的重要意义，要求大家统一思想、提高认识；然后是干什么，就是要明确任务，把具体要做的工作任务列出来；最后是怎么干，要通过强化保障、加强考核、完善机制、营造氛围等措施来推动工作落地。这就是"为什么—干什么—怎么干"的逻辑关系。

除了上述四种常用的逻辑关系外，还有"论点—论据—论证、从哪里来—现在何处—向何处去"等其他逻辑关系。需要提醒的是，同一篇讲话中的逻辑关系可能不止一种，讲话整体是一种关系，而讲话的每部分可能又是另外一种，彼此相互交叉。建议大家今后无论是看别人写文章还是听别人讲话，不能一看而过、一听了之，关键是要学会分析讲话内容所反映的逻辑关系，如果能把这种关系掌握了、摸清了，那脱稿讲话的基础就打好了。

○ 转化：提炼关键字词句

前面介绍了找"点"的前两个步骤，分别是分析、列举，接下来是最后一个步骤——转化。

转化，就是把较长的、不便于记忆的讲话提纲进行简单化、易记化的处理。转化的作用，相当于报纸上的文章标题。读报时，读者不需要看文章内容，只要扫一眼文章标题，就能明白新闻的大致内容。所以说，转化相当于把列举出来的提纲进行压缩、加粗、放大，这样听众听起来才会易懂易记、印象深刻。

具体转化时要记住三句话：长句变短句，短句变成关键词，关键词变成关键字。将提纲尽可能地压缩、变短、变简单。

举例：

党的十八大以来，党中央强调改进文风，要在三个方面下功夫、见成效。一是力求简短精练、直截了当，要言不烦、意尽言止，观点鲜明、重点突出。二是讲符合实际的话不讲脱离实际的话，讲管用的话不讲虚话，讲反映自己判断的话不讲照本宣科的话。三是在研究新情况、解决新问题上有新思路、新举措、新语言。

如果要把这段话记下来，估计难度会很大！但如果把上面这段话改成：党的十八大以来，党中央强调改进文风，要在三个方面下功夫、见成效。一要做到"简短精练"，二要做到"符合实际"，三要做到"坚持创新"。

相当于把三句话改成了三个词，这样记忆的难度明显降低。如果再改成：党的十八大以来，党中央强调改进文风，要做到"短实新"。相信绝大多数人肯定能快速地记住。这就是转化的作用，从繁到简，从句到词再到字，让人一听就懂、印象深刻。

　　生活中有很多类似例子，如相声讲究"说学逗唱"，戏曲讲究"唱念做打"，中医讲究"望闻问切"，都是一个字表达很丰富的思想内容。为什么要转化呢？目的是为下一步记忆"点"做好准备。人的思维习惯就是越简单、越直接，越容易记忆。

　　举例：

　　十几年前，为了提高讲话能力，我参加过很多口才培训班。培训老师为了给学员创造上台练习讲话的机会，在课堂上会设计各种不同的发言环节，比如每次开场时都要学员上台做自我介绍，每次课程结束时要学员上台谈感受收获。有一次，某位学员谈的课堂感受让我印象非常深刻。他是这样说的："听了今天的课，我感觉收获很大，具体来说可以总结成三个字叫作'张学友'。'张'，控制了紧张，通过三个小时连续五次上台讲话，我感觉自己的紧张感越来越低，之前一上台脸就红，现在感觉脸皮没那么薄了，脸不红了；'学'，学到了好多知识点，尤其是控制紧张的四个方法，开场法、深呼吸法、转移法、物理控制法，我逐一尝试了，感觉很有效果；'友'，交到了朋友，原先我以为只有自己讲话有问题，别人都比自己讲得好。今天来到现场，看到好多同病相怜的同学，大家在一起互相学习、彼此鼓励，让我感受到了友谊的温暖。"这位学员讲完之后，现场一片掌声。这位学员的话虽然过去了十几年，但现在我仍然印象深刻。

这里要说明的是，如果能总结出几个字，那自然很好，要是总结不出来，怎么办？当然也不要勉强，只要总结或提炼出"关键句或关键词"就可以。你去留心许多领导讲话时，经常会这么说："今天我讲三句话""这次我和大家交流四个词"……关键句和关键词相当于领导讲话稿中每个部分的标题。

找"点"的三个步骤——分析、列举、转化，环环相扣、层层递进，最重要的是"分析和列举"这两步，分析到位了，把问题想清楚了，才能把讲话提纲列清楚、把讲话的思路理明白。做好分析和列举，转化就相对简单，就能瓜熟蒂落、水到渠成。这三个步骤前面的工作做得越扎实，后面的步骤就越简单。

▓ 找到"点"之后怎么办？

○ 带"点"上场

我发现许多人在上台讲话前会非常紧张，在背诵讲话内容后更是如此。将想讲的内容逐字逐句背诵好，相当于在脑子里装满了想要讲的东西，带着很沉重的思想"包袱"上台，这样做最大的风险是，可能还没有走到讲台、还没有正式开口，"包袱"就有可能把自己压趴下了。

所以，讲话之前应该轻装上阵，然后及时注意观察现场、外界的状况，对自己的讲话内容及时做相应调整，这样才能很好地适应场合的需要，才容易讲好、讲出彩。

带"点"上场有两个关键：一是把转化功夫做好，就是把想讲的内容转化成易于记忆的关键字、词、句，如果字、词、句能组合成类似于上文中"张学友"的案例，那么不仅是便于记忆，更有利于讲话效果的发挥；二是有些关键内容需要强行记忆，因为除了要记忆转化后的讲话提纲以及关键字、词、句之外，还有一些关键内容，比如，讲话中的重要事例、故事以及一些数据，那些能够支撑讲话论点的重要素材还需要强行记忆。

下面，介绍一个帮助你增强记忆的三步阅读法。

第一步是识读。即反复默读讲话稿，对稿子有整体的了解和把握，在此基础上，把握讲话的要旨，掌握如数字、案例、名人名言等关键部分。

第二步是响读。即大声阅读。宋代理学家朱熹曾说："凡读书，须要读得字字响亮，不可误一字，不可少一字，不可多一字，不可倒一字，不可牵强暗记……"这样才能"逐句玩味""反复精详""诵之宜舒缓不迫，字字分明"。

第三步是情读。就是在充分理解讲话稿的基础上，带入自己的真情实感来阅读，让自己通过阅读进入角色，更好地加深理解和增强记忆。

熟记稿子，一要用眼睛——识读，二要使口舌——响读，三要动心思——情读。只有做到整体综合的全方位记忆，才能让讲话稿深入大脑，取得良好的记忆效果。

○ 逐"点"展开

站在讲台上、站在众人前，要想把脑子里的讲话"点"依次逐步展开讲清楚，关键是各个"点"之间的逻辑关系要理清，先讲什么、再讲什么，整个讲话的结构要在脑海中构建起来。此外，还有一个关键环节，那就是高度重视试讲的作用。

所谓试讲，就是模仿真实场景提前进行讲话练习。

工作中很少有人试讲，一般人往往在"说什么"方面花了太多精力，但对"怎么说"却重视不够。比如，我们为领导写讲话稿，对稿子非常重视，重要的讲话要过好几道关口，需要层层把关。有时候为一个词、一个句子，大家吵得不可开交。尤其是遇到主要领导在重要场合使用的发言稿，往往会专门成立写作班子，写完之后，领导还会带着大家逐字逐句地审稿。但稿子写完后，领导现场讲的效果如何，却少有人问津。

举例：

多年前我们部门的一把手是工科出身，每次对讲话稿要求都很严，他本人也会逐字逐句地把关审核，确保不出问题。但每次他在主席台讲话时效果都很一般，稿子虽然文采飞扬，但现场讲得却是磕磕绊绊。与之相反，有的领导稿子虽然内容一般，但现场发挥得却很精彩，讲得头头是道，非常吸引人。

要想使脱稿讲话讲出彩，"怎么说"和"说什么"同样重要，而解决这个问题，就必须经过"试讲"这个环节。"试讲"的好处很多，一来可以让讲话者进一步熟悉讲稿，厘清说话思路，不至于犯低级错误，比如把字读错音等。二来能将书面语转为口语，使讲话者语言更流畅。前面提到讲话稿看起来文采飞扬，但读出来却磕磕绊绊、效果不好，出现这种现象，究其原因主要是讲话者忽略了书面语和口语的区别。书面语要求精准、规范、逻辑严密、句词讲究、表意准确，所以，读起来往往导致讲话者与听众之间缺乏交流感，大家听得昏昏欲睡、很容易思想抛锚。而口语则不一样，直抒胸臆、直接干脆、适合表达，就算某个词说得不是很精准，但意思一听就懂。

那书面语怎么改成口语呢？教你四个方法。

一是长话短说，长句改短句。讲话句子过长，结构过于复杂，会增加听众的理解难度，造成障碍。书面稿，一遍看不懂，可以回过头去再仔细看，但说话就不行了，没听懂不可能再说一遍。所以，说话尽量要用短句子，少用一些专业术语和怪癖词句，文言文之类也要尽量变成大白话。这里有个例子，古代有个书呆子，晚上睡觉被臭虫咬醒了，便对老婆说："贤妻，速燃玉灯，为夫为毒虫所袭。"妻子听了莫名其妙，还以为他在说梦话，没理他。后来，他实在是熬不住了，不得不改口说："老婆子，快点灯，我被臭虫咬啦。"

二是多用有画面感的句词。比如表现心情不安，书面语通常用"忐忑不安"，改成口语"心里像十五个吊桶打水——七上八下"；谈到羞耻，书面语用"满面羞惭"，改成口语"恨不得有个地洞钻进去"；谈到着急时，书面语用"心急如焚"，改成口语"急得像热锅上的蚂蚁"。口语能让听众脑海里浮现相对应的画面，更加生动形象。

三是把抽象的词语具象化。法国哲学家阿兰说："语句抽象总是糟糕的，你的句子里应放满石头、金属、桌子、椅子、动物、男人、女人。"应该尽量让你的词语贴近生活，具体、形象、生动起来，如果要讲一些乏味的理论，不妨先以生活中常见的事件举例子。只有贴近生活的具象词汇，才能使听众以最快速度"融入"内心。而如何使讲话具象起来，关键是要更接地气，只有接地气了，讲话才能具象、具体。

四是多用双音节词和白话词。双音节的词，表述得相对慢一些，听的人来得及接受和思考，适合讲话时用。比如说"就在此时"不如改成"就在这个时候"，"此时"改成"这个时候"更加口语化。我们说"茅台酒"时往往不会说"今天我们喝茅台酒"，一般会说"今天我们喝茅台"，把"酒"

字省略。再说"啤酒"的"啤",本来是一个字"啤",但是一般情况下,我们都会在后面加个"酒"字,"今天我们喝啤酒"或是"今天我们喝啤的",后面这个"的"字,相当于把单音节词双音节化了。

把书面语改成口语,不是说口语就比书面语好。口语也有自身弱点,那就是显得啰唆、俗气。如何使用书面语和口语,关键要看用到什么场合、讲给谁听。建议你在日常工作中多用"合金语体"。所谓合金语体,就是把书面语和口语结合起来,既有书面语的规范严谨,又有口语的生动形象,把两者的优点融合起来。就好像铝合金,光是铝,虽然轻巧,但硬度不够;加入一点锰等硬金属,既显得轻巧,又符合硬度标准。"合金语体"用得最多的是广播电视主持人,他们的讲话语言既比较规范,又富有通俗性。建议你多留心一些民生类的电视节目,如记者跑街、说新闻、脱口秀等,这些节目的合金语体用的特别多。

○ 试讲的四个关键环节

站着并大声试讲

很多人试讲时会坐在椅子上低声练习,不要这样做。建议你站着并大声试讲,尽可能夸张一些、放开一些,这样才能在正式场合打得开、收得住。许多人当众讲话首要的问题是音量过小、没有气势、缺乏激情,给人放不开的感觉。所以要通过试讲打开自己，打开身体、声音等，让自己全身心投入。

寻找试讲场所

试讲最好是在正式场所或与正式场所相似的地方进行，在正式场所试讲，讲话相当于成功了一半。如果没有机会进入正式场所，则可以找一个与其相似的环境。这样，讲话者会对讲话场所产生一种亲切感和熟悉感，从而在正式讲话时迅速进入状态。

寻找试讲听众

可以请自己的家人、朋友或同事现场聆听，并要求他们对你的试讲提出建议。比如，问他们是否能听明白讲话内容、语速是否快慢适中、逻辑是否清晰、论据是否有说服力、讲话时的表情和动作是否得当等。在试讲时，听众真实客观的建议远远要比赞扬重要。

确定最后的试讲时间

在时间允许的范围内，最后一次试讲离正式讲话时间越近越好。比如，如果正式讲话安排在下午三点，那么你可以把最后一次试讲安排在当天午饭后，这样印象更深、效果更好。

此外，试讲过程中还要对讲话时间进行掌握和把控，要安排人员为讲话者计时，然后根据时间长短的需要，对讲话语速和内容进行相应调整。试讲时，要尽可能全程录音录像，使讲话者最直观地看到自己讲话时的表现。通过反复观看，不断地训练和调整，最终达到最佳效果。

举例：

外交部副部长、全国人民代表大会外事委员会原副主任委员傅莹，在谈到自己是如何"炼"成新闻发言人时，提出了训练三步走：

第一步是牢记要点。尤其是发布稿中的核心内容要烂熟于心。她把新闻发布会的答问提纲一段一段地录在手机里，午饭后边散步边听，然后复述。针对一些出错率高的词汇和表述，下班后，她会找一个人少的公园，在角落对着一棵树重复多遍。同事们和她开玩笑，每次要换一棵树，别让那棵树厌烦得枯萎掉。

第二步是内容演练。就是由同事们围绕重点问题对她进行交叉提问。一般有两三名助手参加，他们记下口误或遗漏，逐一指正。

第三步是模拟演练。就是在发布会前的最后一两天，由团队布置一个模拟新闻发布会的场景，包括架设起一台摄像机，准备好需要使用的电脑，有人扮演主持人，有人当记者提问，还有人负责计时和记错。大家分工配合，严格按正式程序和方式进行，时间也是一个小时左右，基本接近发布会的强度。

本章要点总结

两种错误的脱稿讲话准备方式

☑ "裸讲"和"逐字逐句背稿"。

正确的脱稿讲话准备方式

☑ 按"点"准备、带"点"上场、逐"点"展开。

什么是"点"？

☑ "点"就是讲话内容的核心思想和观点。

怎样找到"点"？

☑ 有分析、列举、转化三个步骤。

☑ 分析要具备场合意识、角色意识、听众意识三种意识。

☑ 列举要注意讲话逻辑关系，常见的有：时间逻辑关系，并列逻辑关系，"提出问题—分析问题—解决问题"逻辑关系，"为什么—干什么—怎么干"逻辑关系，"论点—论据—论证"逻辑关系，"从哪里来—现在何处—向何处去"逻辑关系。

☑ 转化要提炼关键字、关键词和关键句。

找到"点"之后怎么办？

☑ 带"点"上场，关键是要增强记忆，采用三步阅读法：识读、响读、情读。

☑ 逐"点"展开，关键是要试讲，站着并大声试讲、寻找试讲场所、寻找试讲听众、确定最后的试讲时间。

☑ 试讲要善于运用"合金语体"，即把书面语和口语结合起来。

☑ 书面语怎么改成口语？一是长话短说，长句改短句；二是多用有画面感的句词；三是把抽象的词语具象化；四是多用双音节词和白话词。

第二章

培养"敢讲"
的强大心理

突破"敢讲"是脱稿讲话的前提条件，也是讲话者拥有自信、进行自我控制的关键所在。

▓ 提升自控力的三个原则

脱稿讲话的能力和表现与一个人的心理状态有极大的关系。很多时候，我们不是不会讲、讲不好，而是没有勇气去开口、去表达。"不敢讲"是许多人心中的隐痛，培养"敢讲"的强大心理是提升脱稿讲话能力的基础。

在日常的工作生活中，应该通过什么样的方式来训练心理、强大内心、让自己变得更加自信呢？我认为关键是提升自控力。所谓自控力，顾名思义，就是自我控制的能力。这是现代职场人非常重要的能力，也是体现情商、反映心理素质的重要方面。有这样一句话："强者控制情绪，弱者让情绪控制自己。"拥有强大的自控力，是一个人拥有强大心理，勇敢自信地脱稿讲话的基础。如何提升自控力，分享三个原则：

一是允许自己犯错。在脱稿讲话中，很多人会因为一时的失误而手足无措、耿耿于怀，以至于在后续的讲话中发挥失常，完全无法掌控局面。这是典型的自控力弱的体现。其根源在于对自己的错误无法释怀。如果只是因为讲错了一句话就陷入自责和懊悔，那很容易陷入无法控制的恶性循环。这时需要做的是，转移自身注意力，忘记错误，继续前行。

其实，一句话说错根本不算什么，听众并不如你想象中的那样在乎你，甚至他们可能根本都没有注意到你的错误，只是你在"自作多情"而已。

不允许自己犯错，还有一个深层次的原因，就是不能中肯客观地评价一次脱稿讲话的作用。一次成功的脱稿讲话，确实可以增强讲话者的自信，为赢得听众认可奠定良好基础，但对于个人成长来说，并不能起到决定性的作用和意义。相反，一次脱稿讲话讲得不好，出现失误，虽然会暂时给讲话者造成痛苦，导致其陷入自责、自卑等不良情绪当中，但也不会从根本上改变一个人的前途和命运。学会中肯客观地评价脱稿讲话的作用很重要。一个人的成长进步，应该是一个长期的过程，不能只局限于一次或者几次讲话。应该告诉自己，要有长线作战的思想准备，要坚持长期主义。重视一次讲话，但又不局限于一次讲话，做到既重视又不重视。这样才是正确应对的态度，这样才能把我们内心不良的心态和情绪赶跑，引导自己走出追求"完美"的误区。

二是拒当"老好人"。日常生活中，如果注意观察，会发现那些总是说"对"、说"好"，不懂或不敢拒绝他人的人，往往自控力都比较低下。他们总是屈服于别人的观点和意见，久而久之，就丧失了自我的主见。当着众人脱稿讲话时，往往会含糊其辞，很难不受自我情绪和台下听众的影响。所以，尽早改掉"老好人"的习惯，让自己学会说

"不"，坚持自己的想法和态度，肯定自我的能量和意志，这样在脱稿讲话时才能拥有强大的自控力。

拒当"老好人"的另一面，就是保持并展示真实的自我。从听众的角度出发，每个人都愿意听真实的讲话，无论这个讲话讲得好还是不好。所以，对讲话者来说，保持并展示真实的自我，这是锻炼提高自我心理素质的重要方面。保持并展示真实的自我，包括敢于向听众分享你的观点、想法和感受，分享你的脆弱，分享你的故事，这是保持真实的核心。美国领导理论大师沃伦·本尼斯在《成为领导者》一书中写道："如果认识自己、做自己像人们谈论的一样容易，就不会有那么多人用模仿他人的姿势走来走去，滔滔不绝地谈着'二手想法'，拼命试图融入而不是脱颖而出。"拥有强大的自控力，需要挖掘并保持真实的自我。

三是专注讲话本身。在脱稿讲话中，不要沉浸于已经说过的话，无论是好是坏、是对是错，都不要来回重复。要做的是集中注意力，关注讲话本身，调动你的记忆和想象，全力以赴去讲。不要在意现场的小细节，比如，看到有的听众低头或起身离开座位，便马上怀疑自己哪里讲错了或是有什么不妥，思想一开小差，结果就容易导致思路突然中断，脑子一片空白。心理学家曾反复做过一个实验：让许多人左右手各拿一支笔，左手画四边形，右手画三角形，且必须左右手同时进行。结果没有人能成功地完成。由此，心理学家得出结论：人的大脑在同一个时间内，只能想一件事，不会同时操作两种不同的指令。所以，脱稿讲话时如果不是想正在进行的讲话内容，而是时不时冒出一些"我能说好吗""听众会怎么看我""万一忘词怎么办"等消极的想法，肯定是讲不好的，聪明人的做法是"专注地去讲"。

这里，再给你介绍两个阻止消极想法的信念，建议你把这"两个信念"牢牢植入脑海。

第一个信念——我肯定能够讲出来。不管你有没有好点子，你以前的经验和积累都会助你一臂之力，让你找到答案。

第二个信念——我的答案往往并不完美。脱稿讲话会随着话题和环境的差异有所不同，与那些水平没有你高的人相比，你的讲话肯定要比他们出色。但是你必须承认，并不是所有的脱稿讲话你都能做到完美和无可挑剔。

▓ 提升自信心的五个技巧

除了上述三个原则之外，再分享一些日常工作生活中提升自控力、提升自信心的技巧。

一是挑前排座位就座。在机关开会时，经常会出现前排位置没人坐的尴尬，这也让许多会议组织者头疼。因为坐在主席台看台下，会发现大家坐得稀稀拉拉，领导可能会对会务组织产生意见。一般人因为怕受人关注、太显眼，都选择往后坐。但现实是，世上的一切成功都是显眼的。所以，培养自己的自信心，最常见的一种训练方法就是，遇到开会等场合，在条件允许的情况下，尽量挑前排的位置就座。

二是走路时抬头提臀，步子迈得有弹性。行为决定思想。当你在工作中习惯于懒散的姿势和缓慢的步伐，给人的印象往往是消极的。所以，尽量改变你的日常行为动作，改变你走路的姿势和速度，这样就可以改变心理状态。

三是正视别人。眼睛是心灵的窗户，交流沟通时不敢正视对方，会给对方留下一种印象：你似乎在隐藏什么或者担心什么。其实这是自卑的表现。敢于正视别人，表明你很诚实，而且很有自信。

四是面带微笑。微笑是建立自信心的良药。在日常工作和生活中养成微笑的习惯，可以让自己保持良好的心态。

五是抓住每个当众讲话的机会。当众讲话是培养一个人自信心最为重要的方法和手段，一般情况下，几乎所有人遇到当众讲话的情况都会发怵，只是程度不同而已。建议你只要有机会就争取讲话发言，这是克服自卑、增强自信的绝佳突破口。

▓ 培育情感能力的战略战术

提升自控力、培养自信心，说到底还是要拥有强大的情感能力，而这个能力在"佛系、躺平"流行的今天，是许多人都缺乏的。很多时候，某个场合，我们心中已经有了想法，但最后没能说出来，关键是缺乏临门一脚的勇气。而这个勇气正是情感能力强弱的具体表现，我要成功，我要说出来，我要表达自我……这种强烈的意愿冲动，是弥足珍贵的。一个人情感能力的不足，会导致应对困难或是面临抉择时患得患失、优柔寡断，无法坚强面对，遇到难题不敢亮剑、不敢斗争。

关于情感能力的不足，是一个很大很深的课题。如何培养，可能专门写一本书也说不完。简单地说，我有一个战略方面的建议——把心放到外面，赶紧从关注自我的桎梏中走出来，培养自己对外界的敏感度，多关注外在东西，少折腾自己，尽可能减少无谓的内耗；另外，还有两条战术方面的具体建议，一是从享受生活开始，学会吃喝玩乐，培养自己各方面的兴趣爱好，从外界不断吸收各种能量，为提升情感能力奠定基础；二是从具体事情和问题出发，就事论事，出了什么问题就解决什么问题，通过解决具体问题来培养能力，逐步累积自信。这些战略战术的想法和建议不是我独创的，这方面的专家我推荐上海大学的李晨老师，有兴趣的可以上网搜索了解。

本章要点总结

提升自控力的三个原则

☑ 一是允许自己犯错；

☑ 二是拒当"老好人"；

☑ 三是专注讲话本身。

☑ 两个阻止消极想法的信念：第一个信念，我肯定能够讲出来；第二个信念，我的答案往往并不完美。

提升自信心的五个技巧

☑ 一是挑前排座位就座；

☑ 二是走路时抬头提臀，步子迈得有弹性；

☑ 三是正视别人；

☑ 四是面带微笑；

☑ 五是抓住每个当众讲话的机会。

培育强大的情感能力

☑ 战略建议：把心放到外面。

☑ 战术建议：一是从享受生活开始；二是从具体事情和问题出发。

第三章

明确"会讲"的
清晰思路

　　本章结合各类常见的工作和生活场景，为你提供简单实用的脱稿讲话思路。这些思路相当于公式，帮助你掌握讲话背后的规律，遇到类似场景时能举一反三，更加从容、自信地应对脱稿讲话。

▓ 常见工作场景的脱稿讲话思路

○ 对上汇报说成绩

上级领导到下级单位检查指导工作，上级组织各种座谈和交流汇报等，这些场合都需要下级作工作汇报。此时，作为下级脱稿讲话的思路应该是什么呢？

结合前面所讲的"场合意识、角色意识和听众意识"，我们来分析一下。

从上级的角度来看，一般领导听汇报重点是想听下级如何开展工作，尤其是上级安排的重点工作是怎么落实的，有什么工作亮点和经验，还存在哪些问题，以及下一步还需要如何改进和提升。从下级的角度来分析，汇报时总体原则应该是展示工作成绩，争取上级领导认可，同时对存在的问题不遮不掩，表明自身态度，请求上级领导的理解与支持。

这样一番分析后，我们就可以确定基本的思路了，对上汇报时的发言思路为：成绩＋问题＋打算，即"过去取得的工作成绩＋现在存在的问题＋将来的工作打算"。这个框架也符合前文所讲的时间逻辑关系。

举例：

××省文明办就文明城市创建工作到××市来开展专题调研，行程安排除了实地考察外，还要听取××市文明城市创建的工作汇报。汇报提纲是这样写的：

第一部分：**成绩**。2022年以来所做的工作，分成加强组织领导、完善创建体制机制、提升城市环境治理、推进城市秩序整治、重点工作推进五个部分。

第二部分：**问题**。目前工作中还存在群众发动不够、城市精细化管理水平不高、市民文明素质存在短板三类问题。

第三部分：**打算**。下一步计划从推动城市精细化管理、进一步健全工作机制、全力加强宣传动员三个方面努力，全力打好文明城市创建攻坚战。

明确基本发言框架，这是做好对上汇报的第一步，但如果只限于这一步，那是远远不够的。尤其是在讲成绩部分，还需要一定的技巧和方法，我们可以从四个方面来考虑。

一是结合领导意图来讲。针对不同的领导要有不同的汇报内容，不能任何领导来调研听汇报，反反复复都是同一套材料。这样汇报者确实省事，但听汇报的领导肯定不会满意。讲成绩的关键是要分众化，要注重分析领导需求。记得原先我曾经陪领导到某个社区检查文明社区创建工作，到了现场后，汇报的社区书记不停地在讲社区党建工作，让领导很不"感冒"，听得直皱眉头。

二是要善于总结提炼，讲出特色。这一点在各种座谈会上表现特别明显，比如某省级部门组织各地市围绕"美丽乡村建设"主题召开座谈会，会上数十家单位负责人介绍工作经验，发言内容大都集中在"领导高度重视、强化组织实施、严格督导检查、营造浓厚氛围"等方面，领导听后面无表情，其他听众也索然无味。要避免雷同，就必须在总结提炼上下功夫，要多问自己几个问题——单位的特色亮点是什么？有没有具体的数据案例支撑验证？有没有成绩的前后对比？市民群众的评价如何？有没有被主流媒体报道过？有哪些经验是人无我有、人有我优……当回答完这些问题后，对成绩肯定会有一些新的梳理和认识，这就是总结提炼的基础。

三是要善于讲好故事，让汇报带上情感。用工作中的故事案例来验证支撑汇报的观点。比如给上级领导汇报大家作风扎实、工作辛苦，如果只是说"我们最近很忙，大家都是5＋2、白加黑"之类，估计效果不会好，毕竟新常态下大家都很辛苦，这些面上的套话是无法打动领导的。此时应该讲一些能够引起对方情感共鸣的故事，把想要表达的东西融入故事里，让对方听完后，感同身受、引发共鸣。

举例：

某年，在人民日报社团委举办的五四表彰座谈会上，一位参会者就讲了一个故事：

"不久前，美国、英国、法国向叙利亚首都大马士革等地发动了空袭。我们的同事、驻叙利亚记者××同志第一时间通过报社的全媒体平台发回了报道，并持续跟踪局势。等忙完手中的活儿才发现，住处的墙壁被空袭的气浪震出了一个巨大的裂缝，房子随时有塌陷的可能，他不禁感到后怕。而此时距离空袭发生已经过去了半天。"

参会者用这样一个故事，充分展现了驻战地记者的工作状态以及无论何时何地都坚守岗位、尽责工作的精神。

四是要注意汇报顺序。讲成绩时要把关键点往前放，如上级领导关心关注的重点工作、汇报者的特色做法，这些是最抓人眼球的，要放在成绩的最前面，争取做到先声夺人。此外，还有一个展现汇报者能力水平的技巧，就是按常规准备书面的汇报材料，但正式汇报谈成绩时，可以脱稿讲上级领导关心的重点工作和自身的特色做法。比如，"各位领导，我们为大家准备了汇报材料，因为时间关系，我就不念了。下面结合工作中的实践和思考，向大家做以下汇报。"然后围绕关键内容脱稿发言，侃侃而谈，这样讲的效果绝对会很棒。

○ 对下视察提要求

这和前一种场景恰恰相反，讲话者的身份角色从下级变成了上级，到下级单位去调研指导，此时下级汇报结束了，我们代表上级讲话，应该说什么？发言思路又是什么呢？

还是要首先进行分析，下级单位最想从上级部门听什么话呢？无非是肯定、表扬，然后对工作给予具体指导，以便推动下一步工作。按照这样的逻辑思考，就能得出此时的发言思路：肯定＋要求＋希望。

肯定，就是表扬鼓励。在说"肯定"时，要注意表达好两层意思，一是从"面上"肯定下级单位的工作。所谓"面上"，就是整体上。中国人的思维习惯，是从整体到局部、从宏观到微观、从全面到具体。所以肯定下级工作，建议先从整体的角度予以肯定。二是再具体肯定"点上"的工作。就是表扬下级单位有特色的具体做法。这主要从下级单位的汇报中得来，通过谈对方的特色工作，表示对该单位的重视和了解，表达真诚的肯定。这样点面结合，就比较完整。

举例：

我觉得××单位××工作整体上是好的，是值得充分肯定的。体现在领导高度重视、各项机制健全、广大干部职工积极参与，××工作呈现出良好发展的整体态势。特别是在过去这段时间，围绕××工作，通过"抓机制、抓重点、抓宣传"等三条举措强力推进，取得了明显效果，值得充分肯定，也值得在全市范围内进行大力推广。

要求，就是结合工作部署谈今后的工作要求，这是上级领导对下级单位讲话的核心部分，也体现了对下级单位的工作指导。一般领导都是这么说的："下面围绕××工作，我再谈几点意见，供大家参考。一是……；二是……；三是……。"

希望，就是对下级单位今后的希望和鼓励。比如，"明年的××工作任务很重，要求很高，希望大家按照市委市政府的相关要求，继续奋发向上、持续推进，努力为××做出新的更大贡献。"

◇ 模拟场景

某区区委主要领导到该区××镇调研农村党建和脱贫攻坚工作时的讲话。

刚才，实地察看了××村"党建＋精准扶贫"项目点建设和成果展，走访了贫困农户。通过一路走、一路看、一路听，应该说，此行的三个目的都基本达到：既看到了精准扶贫的实际成效，也看到了基层党建的有益探索，更看到了镇村干部昂扬向上的工作热情。通过对××镇的调研，我也感受到全区各乡镇换届以来，激情干事的新气象、新状态、新风貌。

我想这种"新"，主要体现在五个方面。一是产业发展的新思路。××镇立足实际，发挥资源特色优势，实施"一村一品"工程，产业发展成效明显，尤其××村等地形成了一定的特色和规模。**二是城乡面貌的新变化。**××镇××村整个房前屋后的面貌有了较大的改善，白色垃圾基本上没看见，这种干干净净、整整洁洁的镇村环境，也折射出全区各乡镇环境面貌的持续改善。**三是工作状态的新风貌。**今天，让我最感欣慰的是看到镇村干部干事创业昂扬向上的新风貌。乡镇工作比较辛苦，但大家能够克服困难、自我加压，尤其是一些偏远乡镇的干部，真正做到了"舍小家、顾大家"，常年在基层摸爬滚打，全身心投入工作。**四是谋划党建的新理念。**今天，我们看到了××镇××村"党建＋精准扶贫"项目的成功案例，这种模式非常好，是党员干部"双带"的有益探索，也有利于农村党建与经济发展的良性互动，值得肯定、值得借鉴。**五是精准扶贫的新成效。**这也是今天调研的主题。我们看到在精准扶贫这项工作上，在市政府办公厅的全力挂点帮助下，××镇××村工作思路已经非常清晰，步子迈得很扎实，成效也比较明显，老百姓比较满意，取得了一些看得见的实际效果。

就做好下一步精准扶贫和基层党建工作，我再对××镇也是对全区各乡镇和相关部门谈几点意见和期望。

第一，高度重视，提高认识。推进精准扶贫，中央有严要求、省里有细布置、市里有硬任务。区委区政府也向市委市政府做了庄严承诺。做好扶贫工作，在乡镇是一个大平台、大任务。各乡镇和相关部门要高度重视扶贫工作，切切实实地把它摆在最重要的位置，早谋划、勤谋划，下真功、见真效。要切实提高对精准扶贫的认识，消除"等靠要"等消极被动思想，切实吃透上级政策，开展更加务实、更加精准、更加高效的扶贫工作。

第二，号准贫根，找准路子。扶贫就像中医看病，如果号不准脉，就下不准药、治不好病、脱不了贫。一要摸全底数。通过多方搜查，精准识别贫困对象，进一步摸清贫困群众的基本情况、收入构成、致贫原因，找准群众贫困的症结所在；进一步掌握群众对惠农政策落实、脱贫致富的期望、打算和诉求，明确帮扶的主攻方向；进一步规范建档立卡、动态管理，列出需求清单，为制定针对性措施、推进精准扶贫打好基础。二要精准施策。致贫原因千差万别，帮扶方式也必须人各有别。各级各部门要根据贫困地区和贫困家庭的实际情况，制定针对性的方案，力求"一把钥匙开一把锁"。精准施策，做到"一村一策，一户一法"。三要着眼长远。基层党员干部要不断增强"面貌不改我不安，群众不富我无颜"的责任感，立足自身资源优势，树立长远发展意识，把发展作为首要任务，积极发展二、三产业，壮大集体企业、集体经济，带领村民做新时代的农民，切实提高贫困户脱贫致富的能力，真正变输血功能为造血功能。

第三，抓好党建，强化堡垒。农村要发展，农民要致富，选好带头人是关键。××镇这些年的发展变化，很重要的一点就是有一批优秀的乡镇干部、村支部书记、农村致富带头人。所以，必须把强化基础组织，夯实基层堡垒，作为重中之重的工作。一方面，要夯实基层组织。持续深入推进"强基、连心、模范"三大工程，规范村级组织运行和村务管理，大力整顿软弱涣散村级党组织，充分发挥组织带领广大群众脱贫致富的能动性。另一方面，要配强基层班子。要选好配强村级班子特别是村支部书记，把农村党组织建设成带领农民致富、密切联系群众、维护农村稳定的坚强领导核心。

同志们，扶贫开发事业是一项功在当代、利在千秋的伟大事业，做好新阶段扶贫开发工作任务重大、使命光荣。我们一定要坚定信心，扎实工作，全力打好精准扶贫攻坚战，确保贯通全面小康"最后一公里"，实现脱贫致富"一个都不能少"。

○ 座谈讨论谈观点

座谈讨论一般是就某个问题召集相关人员进行交流，这类场景的发言时间基本固定，且都比较短，比如5～10分钟。在短时间内，如何把想要表达的意思说清楚，做到不跑题、不啰唆，观点鲜明、层次分明、逻辑清晰，讲话思路应该是什么呢？

依然是从分析开始，在短时间内讲话，关键是要把好钢用在刀刃上，把有限的时间聚焦在核心上，也就是要结合会议主题提炼出核心观点，然后围绕观点依次展开，清晰表达。分享五字口诀：客+观+问+论+总。

客，指客套话，铺垫语。座谈讨论开场，首先要尊重他人，建议给其他人打声招呼。说客套话，一来表示尊重，二来可以缓解紧张、尽快融入环境。比如，"大家好，我是××单位的××，刚才听完大家的发言，很受启发。特别是××提到的××观点，我感受很深。下面谈谈自己的看法。"

观，即观点，指座谈讨论发言要表达的核心内容。观点越简单越好、越明确越好，最好能用一句话说清楚。

问，即我为什么这么说？我为什么这么认为呢？相当于主动设问，这样做有两个作用：一来与听众形成互动，吸引听众注意；二来帮助讲话者锁定观点，不易跑题。

论，指论述，阐明解释观点，用来证明观点的论据。

总，总结，与前面的观点呼应，再一次重复作为讲话结尾，加深听众印象。

◇ 模拟场景

某单位召集年轻干部围绕"如何提高公文写作能力"主题召开座谈会，小王发言。

大家好，非常高兴能有机会参加今天的座谈会，刚才听完大家的发言，给了我很大启发。下面我谈谈自己的观点。

我的观点是，要想提高公文写作能力，就得当好"三多"先生。

为什么这么说呢？

第一多是"多学习"。就是多学习一些公文的基本知识，了解每个文种的特点、用途，掌握每种行文关系，以及一些特定场合的特定用语等。对一些常用的公文，如领导致辞、主持词、倡议书、新闻稿等都要有所了解。

第二多是"多思考"。观点是文章的命脉。只有注意理论与实践相结合，提炼出鲜明的观点，文章才有深度，才有生命力。而观点来自于思考。所以写文章之前，必须静观默察、深思熟虑。

第三多是"多练习"。公文写作是一项技能，"文贵于精，精在于练"。不仅要多读、多想，更要多练，任何好文章都离不了大量练习。只有多写常练，坚持不懈，才会熟能生巧，运笔自如，真正学到本领。

所以说，要想提高公文写作能力，我们就必须成为"三多"先生。谢谢大家。

○ 学习文件谈体会

学文件、谈体会，这是职场人经常会遇到的场景。多年前，我们部门召集大家集体学习《中国共产党廉洁自律准则》《中国共产党纪律处分条例》，原本以为只是学习文件而已，没想到学完后，领导突然让大家谈体会。我当时正坐在领导对面，被点名第一个发言。自己当时没有任何思想准备，只觉得大脑一片空白，说了几句，脸上就开始冒汗、声音也发抖，绕来绕去说了一通，自己也不知道在说什么，当时恨不得有个地缝能钻进去。

学习文件谈体会感受，这种场景下的脱稿发言思路是什么呢？怎样才能契合主题，把话讲到点子上呢？分享一个三字公式：学+思+行，帮助你在此类场景下侃侃而谈、顺利过关。

学，即学习。按照单位的要求，自己是如何保质保量学习的。可以围绕学了哪些内容、学了多长时间、做了多少笔记等方面展开。

思，即思考。在学习的基础上，结合自身的实际情况和业务工作，谈谈自己做了哪些思考，得出了哪些结论，有哪些心得体会等。

行，即行动。自己今后如何来做，表态把学习和思考得出的东西，运用到实际工作中去，落实到行动中来，进一步推进工作。

学+思+行，是学习任何文件都必不可少的三个环节。这三个环节环环相扣，"学"是基础，"行"是目标，"思"是"学"与"行"之间的桥梁。

◇ 模拟场景

下面是某地妇联干部在学习《习近平关于注重家庭家教家风建设论述摘编》时的体会发言。

近日，按照机关党委的统一部署和要求，我连续利用3个晚上的时间，完整学习了《习近平关于注重家庭家教家风建设论述摘编》，做了3000多字的读书笔记。本书具体分7个专题，共计107段论述，我重点对第四专题"家风建设"进行了精读。这个专题从正反两个方面论述了家风和社会风气的关系，指出妇女在树立良好家风方面具有独特作用，强调要自觉肩负起尊老爱幼、教育子女的责任，在家庭美德建设中发挥作用。

我认真阅读这些重要论述，思考良久、感受很深。传家教，重言传更重身教。家庭是教育的启蒙，是一个人接受教育的起点，是塑造一个人的第一所学校。家庭教育不单单是父母对子女简单的说教，更重要的是父母在日常生活中的言传身教和身体力行，对子女达到潜移默化的影响，尤其在重要和关键时刻，使他们懂得做人做事的道理。家庭教育要重言传、重身教、教知识、育品德，发挥父母在家庭教育中的主体和表率作用，承担帮助子女扣好人生第一粒扣子、迈好人生第一个台阶的天然职责。通过开展家庭教育实践活动，运用榜样的力量对子女进行思想品德教育，把美好的道德观念传递给他们，让他们从小种下善良、正直、友善的种子，促使他们健康成长。只有从小对子女进行优良的品德教育，在家庭里扣好了人生的第一粒扣子，才会为他们未来的人生打下坚实的品德基础。

作为一名妇联干部、两个孩子的母亲，我深知家教家风对孩子成长和成才的至关重要性。日常生活中，我将更加注重对孩子良好品格的培养，通过言传身教，给予孩子正确引导，为孩子树立良好的榜样。今后，我还将引导周边更多的妇女姐妹践行新时代家庭观，为推动家庭家教家风建设、引领文明新风尚贡献力量。

想要讲得更好，除了"学思行"三字之外，更重要的是要围绕文件真学、真懂、真用，这样才能谈出真知灼见。今后再遇到类似情况，建议最好围绕这三个方面，提前做好准备，这样不仅能够从容应对，而且能讲出彩。

○ 颁奖仪式说感言

工作中，有时会遇到各类颁奖仪式，或获得某种荣誉、事业上取得重大成就等，需要当众发表感言，答谢致意。这种场合不容易讲好，尤其是想要讲出彩更是很难。一些演艺明星在比较隆重正式的颁奖典礼上，在发表获奖感言时，往往只会讲两个字"感谢"——感谢评委、感谢导演、感谢观众、感谢父母、感谢团队等，一"谢"千里、一"谢"了之。当然，这种场合说"感谢"是应该的，但如果只局限于"感谢"二字，会让人感觉俗套、不精彩、没意思、没水平。

模拟一个场景，如果你代表单位参加全市的"不忘初心、牢记使命"公文写作大赛，获得了一等奖，现在上台领奖并发表获奖感言，你会怎么说？发言的思路应该是什么？推荐讲话公式：谢+归+用+谢。

谢，感谢活动主办方和评委等，把奖项颁给获奖者。

归，即归功于，获得此奖项应该归功于谁，表示谦虚。

用，获得奖项后应该怎么做，谈获奖以后的展望期许。

谢，再次感谢。

举例：

谢谢全市"不忘初心、牢记使命"公文写作大赛评审老师对我的厚爱，也谢谢评审老师对我们××部门的认可。站在这里，我忘不了××部门各位领导同事对我的培养帮助，更忘不了全力支持我参加本次大赛的××部门全体同事对我的鼎力支持。今天的奖项不仅仅是颁给我一个人的，它应该属于我们整个部门全体同事，没有你们，我今天不会站在这里。今天的奖项只是一个开始，是一个逗号而不是句号，在接下来的日子里，我会继续努力，用这个奖项激励自己，在公文领域一直写下去，力争把公文写得更好，以此来回馈各位评审老师对我的厚爱。最后，再次感谢所有在我成长路上帮助过我的人，谢谢大家。

在颁奖仪式上，除了用"谢 + 归 + 用 + 谢"的讲话思路外，还可以运用个性化的方法，下面举三位演员的案例。

举例：

哑剧表演大师王景愚先生，有一年在春节联欢晚会上，因演哑剧《吃鸡》而获小品类一等奖。在元宵节颁奖晚会的领奖台上，主持人让他发表获奖感言，他接过奖杯后只是向观众鞠了一躬，任何话都没说。主持人看他没说话，提醒他说几句获奖感言，此时他又向前鞠了一躬。主持人问他为什么不说话。这时他说道："我的获奖是因我一句话都没说而得，此时如果我说话了，怕你们把奖杯收回去。"引来现场一片笑声。

电影明星李雪健，当年因出演《焦裕禄》而获得金鸡奖。颁奖现场手握奖杯的他只说了两句话："苦和累都让一个好人——焦裕禄受了；名和利都让我这个傻小子——李雪健得了。"

已故电影明星傅彪 2001 年因出演《押解的故事》荣获金鸡奖最佳男配角奖。在领奖台上，他这样说："今年中国有四件大事，大家知道吗？第一件，是我们加入 WTO 了；第二件，是我们申办奥运成功了；第三件，是我们的足球冲出亚洲了；第四件，是我傅彪得奖了。"

抓住自身特点，结合现场情况，捕捉一时的灵感，就有可能说出意想不到的妙语。这种个性化的方法可遇不可求，我们可以做的是，参加颁奖仪式前，尽可能提前做好发言准备，然后到了现场立即开动脑筋、捕捉灵感，争取灵光乍现。

○ 会议场合做主持

会议是职场人最常见的工作场景之一。只要开会，就需要主持。比如，处室召集干部集中学习，此时就需要主持人；单位内部就某个问题进行讨论交流，也需要主持。主持得好，会议的各项流程就进展得顺利、效率高，效果也会好；反之，如果主持不到位，就无法很好地掌控会议的进展和流程，就容易出现各种问题。作为会议主持人，该如何来做好会议主持呢？发言思路是什么呢？下面分开场、结尾两个部分告诉你方法。

会议开场

会议开场要遵循"五字口诀"：开+重+人+议+请。

开，开场白，比如和大家打招呼、问好等以示尊重。在一些正式场合，对现场的重要人物或者特殊人物，要做 VIP 处理，就是特意点出来。比如："尊敬的张书记、李主任，来自全国各地的同行们，大家下午好。"在开场白中，除了和大家打招呼外，还应该包括欢迎并点明会议主题的内容。比如："各位领导、各位同事，大家上午好。欢迎大家参加由市委宣传部、市文明办联合举办的文明城市创建资料专题培训班。"这样说，是要解决参与者"听什么"的疑惑。

重，会议的重要性、重要意义。"重"字非常关键，说不好、说不到位，听众的参与积极性就调动不起来，会场的气氛也营造不起来。许多人在主持过程中，经常感觉没话说或者吸引不了听众，说话没分量，关键是没有把"重"字点出来，没有把会议的意义挖掘到位。

举例：

今年是全市创建文明城市的冲刺年。收集整理上报创建资料，对于争创文明城市具有决定性意义。在座各位都是各单位、各部门的资料收集员，文明城市这块金字招牌能否拿到，和在座各位的努力息息相关。我们干得好，文明城市创建成功的概率就大；如果我们不努力、不细心，那全市的工作就会受到影响。举办这个专题培训班，目的就是要帮助大家提高认识、明确任务，掌握要求、提升能力。

人，参加会议的人员。在讲"人"字时，不同的场合有不同的要求，要具体情况具体分析。比如，文明城市创建资料培训班，邀请了相关专家，介绍时就要重点突出。

举例：

今天我们邀请到省文明办创建处的处长杨卫国同志，莅临现场为大家授课。杨处长是精神文明建设战线的领导和专家，曾经全程一线指导我们省内兄弟城市的创建，有着深厚的理论功底和丰富的实践经验。

一般会议不需要把参会人员的情况详细展开，介绍职务即可。要注意介绍与会者时，不能只介绍领导，其他参会人员也要依次介绍。

议，会议的流程和议题。比如："今天的会议有三项议程：一是……；二是……；三是……。"说这些的目的是让与会者对会议有整体的了解。

请，就是依次请相关人员发言讲话，逐项展开各项议程。

以上就是会议开场的五字口诀"开 + 重 + 人 + 议 + 请"。其中，最关键的是"重"，要想把会议主持好，把大家的参与积极性调动起来，必须要把这个字讲好讲到位。

会议结尾

会议结尾要遵循"四字口诀"：总 + 启 + 望 + 结。

总，即总结。会议各项议程结束后，主持人需要把会议议程做简要的梳理总结，目的是加深与会者印象，更好地掌握会议精神。

举例：

刚才市城市管理局介绍了我市在城市管理方面的经验和做法，市环境保护局介绍了在防止重度污染天气方面的做法，市交通局介绍了缓堵保畅工作的经验，市委常委、副市长××同志就做好城市精细化管理做了一系列的指示和要求。

启，即启发，指主持人参加会议受到的启发。说这个字表示主持人自己在认真听讲。

举例：

听了刚才李市长关于城市精细化管理要做到"五个抓"，我深受启发，尤其是他结合我市目前的创建全国文明城市工作，谈到的……非常有针对性、指导性，为我们做好下一步工作，指明了方向，明确了要求。

望，即希望，指给与会者提出工作要求。

举例：

会后，希望各部门、各单位按照刚才李市长"五个抓"的要求，切实抓好落实。关于这块，我再提两个具体要求：一是今天的参会人员会后要第一时间给各部门、各单位一把手汇报会议精神；二是明天下午下班之前，各部门、各单位要将会议精神的落实情况书面报给市文明办。

结，即结束，指会议主持的结束语。

举例：

感谢大家参与今天的会议，也感谢李市长到会指导，会议到此结束，散会。

○ 任职表态作讲话

当我们到新的地方或是单位、岗位任职，都有可能需要做一番表态讲话，以此表明自己的决心、信心。如果是领导干部或者是某地某部门的一把手，表态讲话从某种程度上相当于是自己的"施政纲领"，意义非常重大。这种场合，脱稿讲话的思路应该是什么呢？在此分享讲话公式：感谢＋意义＋表态＋决心。

感谢，即对任命的机关、组织以及服务对象表示感谢。

意义，即谈对任职岗位或工作意义的理解与认识。

表态，即今后工作怎么来做，这是任职讲话的重点和关键。

决心，指表明自己的态度，相当于讲话结尾，把情感推向高潮。

◇ 模拟场景

某市市委书记在被选举为该市人大常委会主任时的讲话。

今天，大家选举我担任市人大常委会主任，这是全体代表对我的信任和期望，更是一份沉甸甸的责任。在此，我向各位代表，向××市90万人民表示衷心的感谢，并致以崇高的敬意！

近年来，××城市建设突飞猛进，城乡面貌日新月异，经济社会各项事业取得了新发展，依法治市工作开创了新局面。特别是2020年，7项工作获得省政府真抓实干表彰，5项工作获得全省先进，这是前所未有的成绩。当前，我们正在决胜全面小康，"十四五"规划发展也即将起步，新的形势、新的任务对我市人大工作提出了新的更高要求，也为人大更好地发挥职能作用提供了新的更大平台。当选为市人大常委会主任，我深感责任重大、使命光荣，唯有夙兴夜寐、奋发勇为，才不负大家的支持与信任。

刚才，我手抚宪法面对国徽进行了庄严的宣誓，在此，我向各位代表和全体市民做出庄重承诺：

一是把信念融进血脉。理想信念是共产党员精神上的"钙"，没有理想信念，信念理想不坚定，精神就会缺"钙"。我认为，有了伟大的理想信念，才会站得直、立得稳、行得远。我将把对马克思主义的信仰、对中国特色社会主义和共产主义的信念、对党和人民的忠诚融进血脉，任何时候都不动摇。把实现中华民族伟大复兴的远大理想与现实工作结合起来，更加坚定"四个自信"，增强"四个意识"。高举人民民主的旗帜，毫不动摇坚持和完善人民代表大会制度。时刻牢记入党初衷，坚决做到两个维护，始终坚持党的领导，自觉维护市委核心地位，做到人大工作与市委的要求方向一致、目标一致、步调一致，把制度优势更好地转化为治理效能。

二是把人民放在心中。人大的根基在人民，力量也在人民。作为一名人大工作者，作为一名为人民群众代言的人，我将把人民群众对美好生活的向往作为奋斗目标，始终牢记"群众利益无小事"。在思想上视人民群众为"主人"，感情上把人民群众当"亲人"，在工作上为人民群众当"仆人"。把实现好、维护好、发展好人民的根本利益作为人大工作的出发点和落脚点，把人民高兴不高兴、满意不满意、答应不答应作为检验衡量工作的标准。切实从人民群众最关心的问题抓起，从群众最希望办的事情做起，察实情、出实招、求实效，不断增强人民群众的获得感和幸福感。

三是把责任扛在肩上。"为官避事平生耻"，我将强化责任意识，积极担当作为，和人大的同事们一道，始终坚持围绕中心、服务大局，聚焦市委确立的"文化立市、工业强市"发展战略，聚力经济社会高质量发展，依法履行法定职责，及时将党的主张通过法定程序转化为人民的共同意志和自觉行动。依法行使重大事项决定权，进一步健全完善人大讨论决定重大事项的工作机制。坚持正确监督、有效监督，不断增强刚性监督，创新监督方式方法。强化代表履职服务，保障代表依法履职，使人大机关成为代表真正的"娘家"。

四是把纪律挺在前头。作为人民的代表和党的干部，我将时刻对党纪国法心存敬畏，公正用权，心中有戒。自觉做到永葆学习动力，深入学习习近平总书记的重要论述，认真学习党章、准则、条例等，时常自省自警自励。将党纪党规深植于心，践之以行。带头遵守法律和纪律，带头遵守党内规矩，带头遵守各项制度。干干净净为官、清清白白做人、扎扎实实干事。抓好人大机关纪律作风建设，建设人大机关风清气正的干部队伍。

各位代表，同志们！功崇惟志，业广惟勤。今天的××蓬勃发展、蒸蒸日上，美好的未来需要我们脚踏实地、开拓创新、真抓实干。肩负组织的信任和人民的期待，我必将坚守初心、不忘使命、奋勇担当、严守纪律，在市委的坚强领导下，与常委会同志们一道，依靠全体代表，为建设美好××而不懈奋斗！

○ 离职送别话情感

因为工作调整需要离开现职岗位、单位或地方，此时，要做一番脱稿讲话，思路应该是什么呢？该如何表达自己的情感呢？下面，提供两个版本的讲话思路。

正式版

所谓正式版，就是指讲话思路相对比较正式、严谨、全面，一般用在相对正式的场合，适用于主官，比如担任某个地方或某个行业的主要领导。讲话思路具体分为：开场、主干、结尾三个部分。

开场，一般包含表态、感言等内容，主要是开场破题，表达讲话者的真挚情感。

举例：

（表态）我衷心拥护、坚决服从省委的决定，这次××主要领导调整，充分体现了省委对××工作的亲切关怀，体现了对××领导班子的高度重视、对××工作的充分肯定和对××干部的信任厚爱。

（感言）我在××工作了××年××天，内心充满感恩、感激、感动。感恩组织的关怀培养，使我有担任一方重任、为××发展贡献心力的机会和平台；感激在座的同志们、五大班子、各位老同志和全体干部群众对我的理解、支持与包容；感动于××这一方水土的博大，文化的厚重和父老乡亲的纯朴、勤劳和善良。

主干，是离职送别时讲话的主要内容，是体现讲话者水平、情感的核心。内容应该包括回顾成绩、表达遗憾。其中，成绩是主要部分，一般情况下应该梳理政绩，多用排比来表达气势和情感。同时，也要适当表达问题和不足。

举例：

（回顾成绩）我到××工作恰逢"十三五"开新局，如今已是收官在即。五年来，我始终牢记省委的重托，始终牢记380万父老乡亲的期盼，始终牢记老领导、老同志的希望，与同志们一起，一张蓝图绘到底，撸起袖子加油干，共同投身××转型高质量发展的生动实践，合力跑好我们手中的"接力棒"。

这是催人奋进的五年。我们讲政治、顾大局，牢记总书记对××的重托，深入贯彻落实党中央精神和省委决策部署，科学谋划确定了"十个新"目标、走好"六条路径"、加快"五个转型"、推动"六个高质量发展"的工作思路，××步入转型高质量发展的快车道。

这是真抓实干的五年。我们不断提振"晋位争先、思变图强"的精气神，视使命为生命、凭发展论英雄、从担当看品格，凝心聚力、真抓实干，全力以赴抓项目壮根基、促改革增活力、优环境提质效，以重点突破带动全局发展，各项工作取得了新进展。

这是倾情为民的五年。我们坚持保基本兜底线促均衡，聚焦民生实事办理、社会事业发展、促进就业增收、立体交通网络建设、治水换气更新管网、老旧小区改造等群众最急、最忧、最盼的问题，切实把群众关心的事情抓实、满意的事情做好、受益的事情办成，使人民群众的幸福指数不断上扬。

这是攻坚克难的五年。我们坚持问题导向，迎难而上，直面矛盾，补短板、强弱项、抓重点、克难点、打硬仗，尽最大努力和可能化危为机、解决历史遗留问题，圆满完成了脱贫攻坚、重点领域改革、棚改回迁、环境整治、抗洪救灾、群体上访、疫情防控等急难险重任务，解决了一大批多年想解决而没有解决的问题。

这是肝胆相照的五年。相逢是缘，五年来我得到了全市上下的关心、支持和帮助，与同志们结下了深厚友情，让我倍感温暖。特别是市级领导班子团结协作、同心同向、担当作为、砥砺奋进，团结和带领全市人民共同开创了××转型高质量发展新局面，共同营造出了良好的政治生态，连续三年获得全省政治生态成效考核第一等次，连续两年获得领导班子与领导干部年度考核和经济社会发展主要指标考核优秀等次，这些都归功于省委的正确领导，归功于广大干部和人民群众的勠力同心、创新进取。

（表达遗憾） 我总觉得自己的能力水平与××的要求，与××人民的信任与期待，与前辈们的奋斗与牺牲仍有不少差距，不少事情和工作没做够、没做好、没如愿，有多处考虑不周、不尽如人意之处，对同志们也有关心不周、深入不够的地方，留下了不少遗憾，请同志们理解、谅解。

结尾，应该包括告别、号召、祝愿等内容，表达离职依依不舍的强烈情感。

举例：

当前，××将与全国全省一道实现全面建成小康社会的宏伟目标，全面开启社会主义现代化建设的新征程。一朝××

人，一世××情。我与大家一样，对××的未来满怀憧憬、倍加期待，也定将力所能及地助力××发展。我深信，在新一届市委的领导下，经过全市上下的同心奋斗、努力拼搏，"十四五"期间的××一定能够谱写出转型高质量发展的新篇章。长风破浪会有时，直挂云帆济沧海。在此，我衷心祝愿××的明天更加美好！衷心祝愿全市人民更加幸福！衷心祝愿各位同事身体健康、工作顺利、家庭幸福、万事如意！

简约版

相对于正式版，简约版的说话思路可以更加富有个性，更加简约平实，更能体现讲话者的真情实感，更容易打动人心。运用时往往用几个关键词或者关键句，使用排比的手法展开叙述，形式简约而不简单，内容丰富生动使人印象深刻。

举例：

时光飞逝，从 2012 年 5 月 27 日报到至今，我在××工作了 3342 天。这是我一生中极其宝贵、极为难忘、极具意义的时光，这也是我一生中经历最多、感悟最多、收获最多的岁月，我将永远珍惜与同志们共同拼搏的时光，永远怀念与同志们共同奋斗的岁月。

今生有幸有缘来 ××，我满怀感恩感谢。首先，我要感恩感谢组织，能到××工作，为××人民服务，这是组织提供的宝贵机会；其次，我要感恩感谢××人民，××人民的勤劳聪慧、诚朴勇毅、永不服输，是我干事创业的力量源泉；再次，我要感恩感谢××领导班子和各级干部，你们的实干担当、锐意创新、拼搏进取，是我开拓奋进的坚强支撑；同时，我还要感谢历届老领导、老同志，你们的经验传承、悉心指导、真知灼见，是我做好工作的有力依靠。正是因为大家的精诚合作、团结拼搏，在全市形成了风清气正、政通人和的政治生态，勇于担当、实干苦干的干事氛围，勇争一流、攀高比强的精气神。在此，我衷心感谢省委和××人民的信任重托，衷心感谢在座各位领导和同志们的鼎力支持，衷心感谢××老领导老同志的关心和帮助。

今生无怨无悔为××，我深感安慰欣慰。九年多来，我与同志们同心干工作，一起拼出了"十三五"发展的辉煌业绩，一起书写了"强富美高"新××的精彩篇章，一起见证了××高水平全面建成小康社会的圆梦时刻。××这些年取得的成就，是省委、省政府正确领导的结果，是在座同志们团结奋斗的结果，是全市人民共同努力的结果，也得益于历届市委、市政府打下的良好基础。我为昨天自己做了应该做的事、担了应该担的责、尽了应该尽的力而感到问心无愧。我也深知，还有许多工作做得不够好，一些想干的事情还没有干成，一些想解决的问题还没能完全解决。在此，我真诚地向大家表示歉意，感谢大家对我的理解和包容。

今生难舍难忘念××，我诚挚祝愿祝福。今天，将与同志们话别，告别之时、挥别之际，我的内心充满不舍，不舍与同志们结下的深厚情谊，不舍与同志们度过的奋斗时光，不舍××人民对我的关心厚爱，浓情化不开，分别不分离，××永远在我心中，××永远令我牵挂。今后无论在哪里我都将心系××、情系××、祝福××。我坚信，在习近平新时代中国特色社会主义思想指引下，在省委、省政府的正确领导下，在以××同志为班长的市委领导班子带领下，746万××人民在现代化新征程上，一定能创造出令世人刮目相看的发展新奇迹，一定能在国家"强起来"的历史进程中烙下鲜明的"××印记"，一定能不断续写新的荣光、创造新的辉煌。

衷心祝愿××的明天更加美好！

○ 开闭幕式作致辞

在各种文体、论坛、推介等活动的开闭幕式上，往往需要作致辞讲话。在这种场合的发言思路应该是什么呢？下面分开幕式、闭幕式两个场合来介绍。

开幕式致辞

可以用发言公式：点题＋意义＋希望＋宣布。

点题，就是点明活动主题。具体内容可以包括欢迎大家参与、感谢各方面对活动的贡献、祝贺活动开幕等内容。

意义，指举办本次活动的重要意义，这是开幕式致辞的重点，需要讲充分、讲到位。

希望，即对活动举办提出具体要求，用"希望"的口气，显得谦虚得体。

宣布，即宣布活动正式开幕，相当于致辞的结束语。

◇ 模拟场景

××市国税局局长在一年一度的系统运动会开幕式上的致辞。

金秋九月、丹桂飘香，在这充满希望、丰收在即的季节里，在全系统的共同期待中，××市国税系统一年一度的运动会又如期举行。首先，我代表局党组对本届运动会的举办表示热烈祝贺，对各代表团以及参赛的运动员、裁判员表示热烈欢迎，对本次运动会筹备小组的各位同志表示衷心感谢！

举办全市国税系统一年一度的运动会，是国税系统文化建设的一件大事、喜事，也是落实全市"追赶超越"主题活动的一项重要举措，更是国税干部展示风采、能力、水平的重要平台。对于本次运动会，机关各处室和各区县直属单位高度重视，广大国税干部职工积极响应，各相关单位大力支持。运动会共设田径、乒乓球、羽毛球、男子篮球、拔河、棋类、游泳、网球8大项45个小项，共有567人次报名参加，是历年以来比赛项目最多、参与人次最多的一次。办好本次运动会，对于增强全市国税系统干部职工的身体素质、活跃业余文化生活，建设和谐平安××国税等都有着积极而重要的意义。

在这里，我希望，各位参赛运动员发扬"更快、更高、更强"的奥运精神和"团结、友谊、进步"的道德风尚，严格遵守竞赛规程，自觉服从裁判，团结合作，顽强拼搏，赛出水平，赛出风格，充分展示国税干部职工团结拼搏、争创一流、开拓创新、与时俱进的精神风貌，取得运动成绩和精神文明双丰收。

现在，我宣布××市国税系统第××届运动会开幕！

闭幕式致辞

可以用发言公式：点题＋总结＋希望＋宣布。

与开幕式讲话公式相比，闭幕式讲话思路除第二个词不同之外，其余都一样。

点题，相当于开场，内容可以包括感谢各方面对活动的贡献、祝贺活动圆满结束等。

总结，这是闭幕式致辞的重点内容，总结本次活动取得的成绩、成效等，要说充分。

希望，对今后的相关工作或类似活动提出要求，用"希望"的口气更加得体合适。

宣布，即宣布活动正式闭幕，相当于致辞的结束语。

◇ 模拟场景

××市国税局局长在系统运动会闭幕式上的致辞。

经过近两个月的激烈比赛，在全系统的积极支持和广泛参与下，××市国税系统一年一度的运动会今天就要圆满闭幕了。首先，我代表局党组对获得本次运动会奖项的各代表团和个人表示热烈祝贺，对为本次运动会成功举办付出辛勤努力的组织者、参与者表示衷心感谢！

回顾本次运动会，大家同场竞技、赛出水平、赛出风格，付出汗水、付出拼搏，收获荣誉、收获友谊、收获快乐、收获健康。本届运动会是历年以来比赛项目最多、参与人数最多的一次，虽然各项组织工作任务繁重，但是在局党组的坚强领导下、在组委会的精心组织下，整个比赛井然有序、有条不紊，各个比赛项目圆满完成。值得一提的是，今年运动会，我们推陈出新，首次推出了网球和游泳比赛项目，受到了大家的热烈欢迎。运动会期间，组委会切实加大宣传力度，先后在省市各级各类媒体刊发消息近百篇，产生了广泛的社会影响，对于打造国税系统文化建设品牌发挥了积极作用。

希望在今后工作中，全体国税人持续发扬运动会期间展现出的团结协作意识和拼搏进取精神，积极作为、奋勇争先，全力参与全市国税系统深化"追赶超越"主题活动，主动融入城市经济社会发展大局，为××进位赶超做出新的更大贡献！

现在，我宣布××市国税系统第××届运动会闭幕！

▓ 常见生活场景的脱稿讲话思路

生活场景下的脱稿讲话，不需要像工作场景那么严谨、正式，可以相对随意、轻松一些，所以说一点玩笑话、说一点幽默话、说一些发自内心的话，比较得体合适。

○ 联谊活动话友情

多年未见的同学、战友、老乡在一起聚会联谊，共叙同学情、战友情、老乡情，如果此时需要站起来讲两句，讲话的思路应该是什么呢？

分享讲话公式：忆往昔＋说现在＋谈未来。

忆往昔，就是追忆过去。讲述大家曾经在一起的岁月、经历，彼此美好的回忆，这些内容特别容易打动听众，因为发自内心，表达了真实情感。

说现在，就是结合实际，谈现在的生活，比如说××事业有成、××儿女优秀、孝顺。"说现在"以赞美居多，还可以讲彼此的联系和交往，尤其是讲话者受到谁的帮助等，以此凸显彼此情谊。

谈未来，就是展望和祝福。祝福大家身体健康、工作生活顺利、彼此的友谊长存等。

◇ 模拟场景

大学毕业 20 年聚会联谊时的讲话。

今天，我们欢聚一堂，隆重举行××大学××学院 01 级 6 班同学毕业 20 周年联谊会。

忆往昔，恰同学少年，风华正茂。看着一张张熟悉的面孔，刹那间，校园里的动人歌声和感人故事立即浮现在眼前，我们好像又回到了那个曾经一起学习、一起玩乐打闹、一起拼搏过的当年，年轻时的生活在我们记忆的长河里留下了深深的烙印，难忘同学情谊、难忘恩师教诲、难忘学校的一草一木、难忘 20 年前的点点滴滴。

如今，20 年的翘首期盼终于化成了今天的欢声笑语，汇成了你我的心潮澎湃。没有太大的容颜改变和物是人非，有的是历练后的成熟与稳重，有的是感悟人生后的淡然与洒脱，我们洒下的是笑语、倾诉的是衷肠、珍藏的是友谊、淡忘的是忧伤、收获的是梦想、放飞的是希望！

让我们举杯祝愿，祝愿我们的联谊会能进一步增进同学情意，在今后的人生征程中互相扶持、互相鼓励，手挽手、肩并肩，祝愿我们的人生之路走得更加辉煌、更加美好！我提议：让我们高高地举起酒杯，为相聚干杯！为友谊干杯！

○ 生日宴会表心意

设想这样的场景：如果你要为父母举办生日宴会，邀请亲朋好友和同事来参加，在宴会开场前需要讲上一段，此时该用什么讲话思路？如果你是被邀请参与生日宴会的客人，主持人请你上台讲几句，该怎么表达心意？下面，结合两种身份来分享脱稿讲话的思路。

生日宴会组织者

作为生日宴会的组织者，讲话公式是：欢迎＋感谢＋表态＋祝福。

欢迎，作为生日宴会的组织者，讲话应该首先欢迎大家来参加宴会，同时点明宴会主题。

感谢，这是讲话的重点。应感谢两个层面：一是生日宴会的主角对自己的养育、培养、帮助等；二是感谢亲友们一路走来的帮助支持。

表态，即将来会怎么做，请现场参与者共同见证。

祝福，即祝福生日宴会的主角和所有的宴会参与者。

举例：

尊敬的各位领导、各位长辈、各位亲朋好友，大家好！今天我们欢聚一堂，高兴地迎来了我敬爱的父亲八十岁生日。在此，我代表我们兄弟姐妹和我们的子女共二十人，对所有光临现场参加我父亲寿宴的各位领导、长辈和亲朋好友，表示真诚的欢迎和衷心的感谢！

我的父亲几十年含辛茹苦、勤俭持家，把我们兄弟姐妹一个个拉扯大。常年的辛勤劳作，让他老人家脸上挂满了岁月的年轮，头上镶嵌了春秋的霜花。在那个艰苦的岁月里，父亲从地里刨食，累死累活，供出我们一家四个大学生，被称为我们村的奇迹。忘不了，每到交学费时，父亲都要舍下脸到处求人借钱；每当我们兄弟姐妹中谁有个头疼脑热，父亲总是日夜守候在身边，生怕我们有个闪失；每当我们人生旅途中遇到或大或小的问题，都要请父亲为我们出主意、想办法。为了我们兄弟姐妹，老父亲操碎了心。所以，今天在这喜庆的日子里，我首先要说的是感谢父母亲的养育之恩！同时，我们家的和睦兴隆、家庭兴旺也离不开在座的各位领导，各位长辈和亲朋好友长期以来的关爱和帮助，在此也深表谢意。

我相信在兄弟姐妹的共同努力下，在各位亲朋好友的大力支持下，我们家的日子一定会越过越好。请各位放心，我们会一如既往地孝敬父母，让他们健康长寿、老有所养、老有所乐。

最后，我提议，让我们共同举杯，祝我们的父母健康长寿，祝在座的各位家庭幸福、工作顺利、万事如意。干杯！

生日宴会参与者

作为生日宴会的参与者，讲话公式是：点题 + 赞美 + 祝福。

点题，作为生日宴会的参与者，一开口首先要点明活动主题，即祝福生日宴会的主角生日快乐，以示尊重。

赞美，即赞美生日宴会主角的生平事迹以及对自己的培养、帮助等，这是讲话的重点，要通过具体的故事事例表达真情实感。

祝福，再次祝福生日宴会的主角和所有宴会参与者。

举例：

各位亲友，各位来宾，各位同事，大家好！

今天是××研究所原党委王书记70岁的生日宴会，能受邀参加这一盛会并讲话，我深感荣幸。首先，请允许我代表在座的各位并以我个人的名义，向王书记致以最衷心的祝福！

王书记是我们单位的重要领导，他对我们单位的贡献大家有目共睹。他那份"平等对待每个人"的真诚与热情多次打动我们的心灵，他对事业的执着令我们晚辈为之感叹，他的领导有方更是我们后辈学习的榜样！

在此，我们衷心祝愿王书记青春常在，永远年轻！更希望看到王书记步入秋后，仍将傲霜斗雪，流光溢彩！让我们共同举杯，为王书记70华诞干杯，祝今天所有到场的各位亲朋好友家庭幸福、工作顺利、万事如意，干杯！

○ 婚礼庆典送祝福

婚礼庆典，是比较重要的一类生活场景，这种场景下的脱稿讲话，往往需要讲话者提前精心准备，其脱稿讲话的思路与讲话者身份密切相关。下面，按照三种不同的身份来分享讲话公式。

长辈给晚辈讲话

比如父亲在儿子婚礼庆典上讲话，这时候讲话思路应该是什么？这种场景，首先肯定是欢迎大家，欢迎之后再来做一番分析：男方把女方娶回家，肯定要感谢女方家长为自己培养了这么优秀的儿媳妇。借感谢之名表扬儿媳妇，这样女方肯定会很高兴，也觉得有面子。感谢说完了，作为长辈接下来应该提希望要求，比如二位新人在生活中相敬如宾、互敬互爱，工作中爱岗敬业、勤奋努力，不忘父母养育之恩、不忘同事朋友提携之情等；希望要求提完后，最后应该是祝福，祝福新人和在场的亲朋好友。所以，长辈在晚辈的婚礼庆典上的讲话公式是：感谢＋希望＋祝福。

举例：

今天，是我儿子××与××的大喜之日。我代表家人对各位嘉宾、亲戚朋友的光临表示热烈的欢迎和最诚挚的感谢。我要特别感谢我的亲家，他们培养了一个聪慧、漂亮的好女儿，我们也非常庆幸找到了一位贤惠、孝顺的好儿媳。请亲家们放心，我们一定会把她当成自己的女儿来对待。

作为新郎的父亲，对两位新人迈入神圣的婚礼殿堂由衷地感到高兴，希望他们从今以后，把领导们的关怀、长辈们的关爱以及亲朋好友的关心化成工作动力，在各自岗位上携手并肩、比翼双飞；也希望他们在今后的生活中，同甘共苦、互敬互爱，相互扶持、相互帮助、相互理解，在人生的漫长道路上共同筑造温馨、幸福、美满的家庭。概括起来就是把一颗赤心献给国家、一颗真心献给朋友、一颗爱心献给对方、一颗孝心献给双方老人。今天，新郎母亲也有三句话托我转达给孩子们：第一，努力学习，做对国家有用的人，做对家庭有责任心的人，好好工作就一辈子有饭吃；第二，做普通人，干正经事，可以想小事情，但必须有大胸怀；第三，心系一处，共同创造、完善你们的婚姻！

今天，为答谢各位嘉宾、亲朋好友的深情厚谊，我们借××大酒店这块宝地，略备清茶淡饭，表达我们的一片真情。不周之处，还望各位海涵。最后祝愿在座各位身体健康、万事如意，大家开怀畅饮、吃好喝好！

与新郎新娘平辈

讲话者与新郎新娘属于平辈关系，比如新郎的好友，此时上台讲话思路应该是什么？还是先做分析：因为现场好多人不一定认识讲话者，所以上台首先应该介绍自己；其次因为是新郎的朋友，对新郎比较熟悉，接下来应该夸新郎优点，说新郎好话，比如为人善良、工作认真、孝敬父母、疼爱新娘之类；最后送出祝福，祝福新人白头偕老、一生恩爱之类。所以，作为平辈在婚礼庆典上的讲话公式是：介绍＋赞美＋祝福。

举例：

尊敬的各位来宾，大家好！首先请允许我作一下自我介绍，我是新郎××的好兄弟、好朋友，我的名字叫××。首先，很荣幸获邀参加今天的庆典，同时我也要代表我的兄弟××，欢迎大家的到来。

我与××认识已经十多年了，我们在一起经历了很多，尤其是从事同样的职业，一路走来，无论是欢笑开心还是伤心痛苦，我们一直是互相陪伴、互相打气，在他事业不顺、感情不顺的时候，我会义无反顾地支持鼓励他，而在我不开心、有困扰、觉得迷茫时，他也会及时关心帮助我。本着这份了解，我向大家保证，向新娘的父母保证，他绝对是一个好男人，一个值得托付的好男人，对人真诚、有事业心、有责任感，所以说，将你们的女儿交给他，请放心，绝对靠谱！

最后，请大家举起酒杯，一起为这对新人送上祝福，祝福他们白头偕老、永结同心！

新郎或新娘的领导

讲话者是新郎或新娘的领导，此时上台讲话思路应该是什么？这种喜庆场合，作为领导，首先，应该赞美新郎或新娘，多说鼓励、好听的话；其次，作为领导应该提要求和希望，尤其要多提工作上的要求；最后，祝福新人。所以，作为领导在下属婚礼庆典上的讲话公式是：赞美＋要求＋祝福。

举例：

各位亲朋，各位来宾，大家好！今天高朋满座，喜气洋洋，大家欢聚在这里，为××先生、××小姐这对新人祝福，一同见证他们在这里走向神圣的婚姻殿堂，走进幸福的港湾。新郎××在我们单位工作，不仅是个聪明踏实、勤奋厚道的小伙子，也是一位有事业心、有责任感的好青年。而我们的新娘××小姐也是一位美貌与智慧并重，热情、大方、贤淑的好姑娘。如今他们能走到一起，可谓是郎才女貌、珠联璧合、佳偶天成。希望两位新人在今后工作中能相互鼓励，在事业上齐头并进，在生活上互敬互爱，在困难时同舟共济，共同创造美好的未来。

最后，向新人致以最真诚的祝福，祝福你们相亲相爱直到永远。愿在座的各位亲朋好友共同分享这一幸福时刻。谢谢大家！

○ 单位年会展愿景

每到年底，许多机关、企事业单位都会以年会的形式来活跃文化、凝聚人心。在这种场景下，作为领导上台脱稿讲话，应该用什么讲话思路？

首先要判断场景性质。年会一般都在年底举办，本意是辛苦了一年，通过年会的形式联谊，将单位内部以及相关方面的人聚在一起。单位年会，既有公务活动性质又有社交活动性质，可以不那么正式，但也不能过于随意。作为领导，讲话还是应该偏正式一些，讲话内容首先应总结过去一年的工作，取得的成绩，然后在此基础上对员工、对方方面面表示肯定和感谢；其次是提出希望要求，就是谈明年的工作愿景和工作目标；最后送出祝福。所以，在单位年会这种场景，领导脱稿讲话公式是：总结 + 希望 + 祝福。

举例：

即将过去的 2020 年，在市委市政府的正确领导下，全市宣传思想文化战线深入学习贯彻习近平新时代中国特色社会主义思想，自觉担负起举旗帜、聚民心、育新人、兴文化、展形象的使命任务，紧紧围绕市委市政府中心工作，唱响主旋律，打好主动仗，为国家中心城市建设提供了有力思想保证、精神动力、舆论支持和文化条件。理论武装和意识形态工作深入推进、正面宣传和舆论引导工作成效显著、核心价值观和精神文明建设巩固深化、文化事业和文化产业呈现新亮点、阵地建设和队伍建设不断加强。在此,我代表部领导班子向全体干部以及干部家属致以诚挚的谢意,感谢你们一年来的辛劳付出。

新的一年开启新的希望,新的历程承载新的梦想。2021年是中国共产党成立100周年、"十四五"开局年,希望全体干部,深入贯彻落实党的十九大和十九届二中、三中、四中、五中全会精神,全面贯彻落实习近平总书记关于宣传思想工作的重要思想,增强"四个意识"、坚定"四个自信"、做到"两个维护",聚焦举旗帜、聚民心、育新人、兴文化、展形象的使命任务,围绕学习宣传贯彻习近平新时代中国特色社会主义思想,围绕开局"十四五"、开启新征程,突出庆祝中国共产党成立100周年,着力推动习近平新时代中国特色社会主义思想深入人心,着力唱响爱党爱国爱社会主义的时代主旋律,着力提高社会文明程度,着力推动文化高质量发展,坚定主心骨、汇聚正能量、振奋精气神,为加快建设国家中心城市提供坚强的思想保证和强大精神动力。

最后,向大家送上美好的祝福,祝大家幸福美满,身体健康,工作顺利,吉祥如意!

○ 社交场合说真情

生活中,我们可能会参加俱乐部、读书会、培训班、会员日等各类社交场合的活动，这些活动大多与工作无关，参与者多数属于朋友性质，气氛相对轻松。在这种社交场合，如果要脱稿讲话，讲话思路应该是什么？

小高参加了某口才培训班，培训班结束后老师组织俱乐部活动邀请他参加。活动有个环节，是请参与者上台谈参加活动的感受与体会。现场人很多，但没人敢第一个发言。主持的老师看有点冷场，于是就点名小高讲。小高站起来，先做了自我介绍，然后开始东拉西扯，感觉什么都想讲，但又不知道从何讲起，拉拉杂杂讲了不到一分钟，就讲不下去了。等小高讲完后，另外一位学员也站起来发言，效果和他差不多。后来，主持的老师现场做了示范。

举例：

今天参加这个活动，我有三个"没想到"：一是没想到俱乐部环境布置得这么好、这么温馨；二是没想到来了这么多老朋友，老友相逢倍觉亲；三是没想到俱乐部活动是张老师亲自主持。三个"忘不了"：一是忘不了张老师对我们的精心指点；二是忘不了各位同学的鼓励和帮助；三是忘不了大家在活动中结下的深厚友谊。一个"祝愿"，千言万语汇成一句话，美好的时光总是短暂的，短暂的时光又是让人流连难忘的，祝愿我们在座各位朋友在学习口才的路上，能够踩着银桥上金桥，越走越亮堂。

老师示范讲完后，现场启发大家：一是老师说的话都不特别，都是稀松平常的话，大家都可以说；二是老师说的话符合场合、符合身份，没有说过头话和不合适的话；三是老师说的都是实实在在的话，没有虚情假意，都是真心诚意的话。

总体来说，老师说出了大家心里想说的话，为什么大家想不到、说不出呢？这叫作"人人心中有，个个嘴上无"。出现这种情况，一是思路的问题，大家的思路没有打开，比较狭窄，不知道说什么，从何说起；二是话语表达方式不对，太正规了，放不开。就好比去爬山，穿的是压箱底的礼服，不是衣服不好，而是不符合场景需求。遇到社交场合，先说现场的话，如看到的、听到的、感受到的，现场的话能营造气氛。为什么要这么做，因为社交场合的目的是拉近感情、寻找快乐。大家的目的是图乐，不是来学习知识的，所以要说拉近感情的话，从一些细节说起，让听众感觉到讲话者是关心自己的。所以，社交场合的脱稿讲话公式是：想不到+忘不了+祝愿。

想不到，是说现场看到的、听到的、想到的，用来营造气氛，相当于说今天的话。

忘不了，是说昨天的话，大家在一起的回忆，用来煽情，加深彼此感情。

祝愿，是说明天的话，进一步引发情感共鸣。

在使用"想不到＋忘不了＋祝愿"公式的过程中，还可以进行调整变形。具体有三个方法：一是增增减减。就是讲话者现场能组织几个"想不到"就说几个，1个、2个、3个、4个都可以。二是拆拆分分。有的人第一次参加现场活动，与其他参与者没有交集，所以就没办法说"忘不了"，此时就只说"想不到＋祝愿"也是可以的。三是替替换换。不说"想不到"，用三个"惊喜""发现""遗憾""庆幸"等等都可以。比如，在上述案例中，可以说有三个遗憾：第一个遗憾是来培训班太晚了，早学早受益；第二个遗憾是与大家见面太晚，从同学身上学到好多东西；第三个遗憾是课程只有三个小时，时间太短了，想多上一会儿。这样来表达，效果也很好。

本章要点总结

常见工作场景的脱稿讲话公式

☑ 对上汇报讲话公式：成绩＋问题＋打算，即过去取得的工作成绩＋现在存在的问题＋将来的工作打算。

☑ 对下视察讲话公式：肯定＋要求＋希望。即表扬鼓励＋今后的工作要求＋对下级单位今后的希望。

☑ 座谈讨论讲话公式：客＋观＋问＋论＋总。客，指客套话，铺垫语。观，即观点，指座谈讨论发言要表达的核心内容。问，即我为什么这么说？论，指论述，阐明解释观点。总，即总结，与前面的观点呼应。

☑ 学习文件讲话公式：学＋思＋行。学，学习。思，思考。行，行动。

☑ 颁奖仪式讲话公式：谢＋归＋用＋谢。谢，指感谢活动主办方和评委把奖项颁给获奖者。归，即归功于，获得此奖项应该归功于谁，表示谦虚。用，指获得奖项后应该怎么做，谈获奖以后的展望期许。谢，即再次感谢。

☑ 主持会议时会议开场讲话公式：开＋重＋人＋议＋请。开，即开场白。重，指会议的重要性、重要意义。人，即参加会议

的人员。议，指会议流程和议题。请，指请相关人员发言讲话，逐项展开各项议程。

☑ **主持会议时会议结尾讲话公式：总 + 启 + 望 + 结**。总，即总结，把会议议程作简要总结。启，即启发，主持人参加会议受到的启发。望，即希望，给与会者提出工作要求。结，即结束，指会议主持的结束语。

☑ **任职表态讲话公式：感谢 + 意义 + 表态 + 决心**。感谢，指对任命的机关、组织以及服务对象表示感谢。意义，指谈对任职岗位或工作意义的理解认识。表态，即对今后工作怎么来做进行表态，这是任职讲话的重点和关键。决心，指表明自己的决心态度。

☑ **离职送别讲话公式：正式版，分开场、主干、结尾三个部分**。开场，包含表态、感言等内容，主要是开场破题，表达讲话者的真挚情感。主干，包括回顾成绩、表达遗憾。结尾，应该包括告别、号召、祝愿等，表达离职依依不舍的强烈情感。简约版，用几个关键词或者关键句，使用排比的手法展开叙述，形式简约而不简单，内容丰富生动，使人印象深刻。

☑ **开幕式致辞讲话公式：点题 + 意义 + 希望 + 宣布**。点题，就是点明活动主题。意义，指举办本次活动的重要意义。希望，即对活动举办提出具体要求，用"希望"的口气显得谦虚得体。宣布，即宣布活动正式开幕。

☑ 闭幕式致辞讲话公式：**点题＋总结＋希望＋宣布**。点题，相当于开场，内容可以包括感谢各方面对活动的贡献、祝贺活动圆满结束等。总结，这是闭幕式致辞的重点内容，总结本次活动取得的成绩、成效等。希望，对今后的相关工作或类似活动提出要求，用"希望"的口气更加得体合适。宣布，即宣布活动正式闭幕。

常见生活场景的脱稿讲话公式

☑ 联谊活动讲话公式：**忆往昔＋说现在＋谈未来**。忆往昔，就是追忆过去。说现在，就是结合实际谈现在的生活。谈未来，就是展望和祝福。

☑ 生日宴会·组织者讲话公式：**欢迎＋感谢＋表态＋祝福**。欢迎，作为生日宴会的组织者，讲话应该首先欢迎大家来参加宴会，同时点明宴会主题。感谢，有两个层面：一是生日宴会的主角对自己的养育、培养、帮助等；二是感谢亲友们一路走来的帮助支持。表态，将来会怎么做，请现场参与者共同见证。祝福，祝福生日宴会的主角和所有的宴会参与者。

☑ 生日宴会·参与者讲话公式：**点题＋赞美＋祝福**。点题，点明活动主题，即祝福生日宴会的主角生日快乐，以示尊重。赞美，即赞美生日宴会主角的生平事迹以及对自己的培养、帮助等。祝福，再次祝福生日宴会的主角和所有宴会参与者。

☑ 婚礼庆典·长辈讲话公式：感谢 + 希望 + 祝福。感谢女方（男方）家长为自己培养了这么优秀的儿媳妇（女婿），对晚辈提希望要求，最后祝福新人和在场的亲朋好友。

☑ 婚礼庆典·平辈讲话公式：介绍 + 赞美 + 祝福。首先介绍自己，赞美新郎（新娘）优点，最后送出祝福。

☑ 婚礼庆典·领导讲话公式：赞美 + 要求 + 祝福。赞美新郎（新娘），提要求希望，最后祝福新人。

☑ 单位年会讲话公式：总结 + 希望 + 祝福。总结过去一年的工作、取得的成绩，然后在此基础上对员工、对方方面面表示肯定感谢；其次是提出希望要求，就是谈明年的工作愿景和工作目标；最后送出祝福。

☑ 社交场合讲话公式：想不到 + 忘不了 + 祝愿。想不到，是说现场看到的、听到的、想到的，用来营造气氛，相当于说今天的话。忘不了，是说昨天的话，大家在一起的回忆，用来煽情，加深彼此情感。祝愿，是说明天的话，进一步引发情感共鸣。

02

进阶篇

把握细节，
力求出彩

前面一至三章是脱稿讲话的基础篇，从本章开始，就进入脱稿讲话的进阶篇，通过对脱稿讲话开场、结尾、态势语言、修辞手法、突发状况应对等细节的精雕细琢，实现"讲得更好"的目标。

第四章

脱稿讲话的开场
是这样炼成的

脱稿讲话的开场很重要，要讲应情应景的话。应该如何做呢？本章告诉你方法。

▓ 开场的原则和方法

俗话说，万事开头难。好的开头等于成功的一半。开场白就像戏台上的锣鼓，只需轻轻敲击几下，就能振聋发聩，让听众深深地记住。

○ 说应情应景的话

一个好的脱稿讲话开场，关键是要根据现场的需求，随时做好动态调整，讲出应情应景的话，通过开场迅速拉近讲话者与听众的心理距离。

举例：

××省金融办王主任一行来××市××银行营业网点检查调研工作，张军作为××市金融办主任全程陪同。根据调研安排，王主任要听取网点的工作汇报并讲话。按照常规，这种场合往往是网点先做汇报，然后区上、市上参会人员再汇报，最后省上领导讲话。为此张军提前做了脱稿讲话的准备，想着用"欢迎＋感谢"的讲话思路。

当天现场，网点汇报结束后，并没有让张军讲话，省上王主任直接就讲了，讲完了，才陆续让区上、市上参会人员发言。此时如果张军再按照提前准备好的内容来说就不合适了。因为刚才王主任已经提了许多工作要求。所以，这时候就应该抓紧调整思路，经过一番思考，张军迅速把开场白调整为"欢迎＋表态"，并重点围绕如何落实好王主任的讲话要求来展开。

说应情应景的话，关键是要结合前文介绍的三种意识（场合意识、角色意识、听众意识），进行客观分析，才能做到有的放矢、表达自然贴切，具有现场感。

比如，你代表单位参加某座谈会，在会上就某个问题发表意见。

如果大家不熟悉你，开场时最好首先做个简单的自我介绍："大家好，我是××单位××处室的××，很高兴参加今天的会议。"这样显得有礼貌。

如果大家对你很熟悉，这时候让你第一个发言，你可以这样说："谢谢大家把第一个发言的机会让给我，让我抛砖引玉，讲得不对的地方，请大家批评指正。"

如果不是第一个发言，你可以用点评他人发言内容的形式来开场："大家好，听完刚才××和××的发言，对我启发很大，尤其是××提到的××观点，对于推进××工作具有很强的针对性和实用性。下面我结合工作实际，谈谈对这个问题的看法。"

○ 常用的九种开场方法

1. 现挂法

就是把现场看到的、听到的、想到的，拿来就用，现场就说。这种方法比较贴切而且有现场感，俗称套近乎。

某市要召开农村精神文明建设现场会，流程是先参观后座谈，座谈会有致辞、经验介绍、领导讲话等几个环节。领导讲话这样开场：

"刚才，我们实地参观了××，看到了农村精神文明建设的大好局面，赞叹××村村容村貌的靓丽干净；又听了三个地方的经验介绍，谈得都很好，各有特色，非常值得借鉴学习；××县长刚才也做了热情洋溢的致辞，对参与者表示热烈欢迎，县上同志为了今天的会议做了精心准备……下面，我围绕××工作再讲几点意见……"

这就是现场看到的、听到的、想到的，信手拈来，这样做自然贴切，现场感十足。

2. 直接点题法

即第一句话就开门见山，直接点出讲话"主题"。

××部门召开周例会，部门领导开场直接说："今天例会我讲三个问题：第一个，形势；第二个，任务；第三个，要求。"一句废话都没有，非常干脆简洁。

3. 提问互动法

即开口就向现场听众提问题。

一种是让听众回答,听众回答后给予肯定,以此增强与现场听众的互动。比如,某地正在积极做好国家卫生城市的迎检测评,全市召开动员大会,会议一开始,与会领导就提问:"大家知道不知道,目前我市面临的头等大事是什么?"参会者异口同声说:创卫。领导接过话茬,说:"对,当前创卫是我们全市上下面临的头等大事,马上就要迎来国家测评,需要我们全市上下立即动员起来,全力投入到迎检工作中去。"

另一种是自问自答,如某单位召开年底总结会,会上,主要领导一开口就问:"大家知道我最近最关心的是什么事?告诉大家——是财务。"这种提问法的运用,并非真的要听众回答,只是一种表达技巧,目的是抓住听众的注意力。

4. 引用金句法

即一开口就引用名人名言或富含哲理的话,以此引出话题。

在某次演讲比赛中,一位参赛选手这样开场:"古语云,不因善小而不为,不因恶小而为之。每逢想起这句话,我……"

5. 设置悬念法

即一开口说话,就提出一个悬念,以引起听众的好奇。

如"爱美之心人皆有之，尤其是女孩。当然，我也不例外。朋友，你是否知道爱美有时也是要付出代价的？"听到这里，听众必然会想听听要付出什么样的代价，于是就带着一种寻求答案的心理去听讲话。

6. 故事导入法

即开场就讲一个故事，以此来吸引听众的注意。中央电视台节目主持人白岩松在《人格是最高的学位》演讲中，一开场就讲了一个故事：

"很多很多年前，有一位学大提琴的年轻人去向21世纪最伟大的大提琴家卡萨尔斯讨教：'怎样才能成为一名优秀的大提琴家？'卡萨尔斯面对雄心勃勃的年轻人，意味深长地回答：'先成为优秀而大写的人，然后成为一名优秀而大写的音乐人，再然后就会成为一名优秀的大提琴家。'"

7. 出奇制胜法

即用别人意想不到的见解来引出话题，达到语惊四座的效果。

比如，某国有企业召开总经理办公会，十五个人参会，预定下午2:00开始。其中，有十个人2:00准时到会，另外五个人陆陆续续至2:15才到齐。会议开始后，总经理这样开场：

"今天，我们的会议延后15分钟才开始。首先，向我们十位准时到会的伙伴给以掌声，为他们的准时观念和守时作风致敬喝彩。其次，向我们迟到的五位伙伴给以掌声，为他们因手头工作太忙而迟到的敬业精神致敬，这是掌声的其中一个理由。还有一个理由，此掌声是鼓励的掌声，鼓励他们像我们前十位伙伴一样，具备良好的时间观念！希望鼓励的掌声再热烈一些。"

8. 实物展示法

就是利用道具实物来进行展示，以此作为讲话开场。

有位家庭教育培训师，在培训开场后，一上台便举起了一把折扇，打开让大家看到好几根扇骨都是断的。在场每一个人都很关注她的举动。这时，她开口说："大家看到了这把折扇，为什么会成这样呢？这是我打孩子时用力太大而打断的。"

现场听众一下子被吸引住了，接着，她说起以前对孩子粗暴的教育方式，以及现在对原来教育方法的反省。

9. 自嘲幽默法

在一些社交场合，不是特别正式，开场白可以适当开些玩笑，轻松活泼一些。

胡适在一次讲话时这样开头："我今天不是来向诸君做报告的，我是来"胡说"的，因为我姓胡。"话音刚落，听众大笑。

这个开场白既巧妙地介绍了自己，又体现了谦逊的修养，而且活跃了现场气氛，拉近了讲话者与听众之间的心理距离。

著名相声表演艺术家马三立在一次社交场合的开场白这样说：

"我叫马三立。三立，立起来，被人打倒；立起来，又被人打倒；最后，又立了起来。但愿不要再被打倒。我这个名字叫得不对，祸也因它，福也因它……有时候也有用。生产队开个大会，人总到不齐。队长在喇叭里宣布：今晚开大会，会前，由马三立说一段单口相声。立马，人就齐了……"

看到这里，也许你会想，胡适、马三立的水平太高了，普通人没法学。没关系，普通人在社交场合开场，往往可以从解释自己的名字开始。如果在自我介绍时能赋予自己的名字一定的说法，那开场的效果就会不一般。

举例：

我姓巩，冯巩的巩，巩俐的巩，当然也是巩汉林的巩。虽说跟他们是一个姓，但我的艺术细胞却很贫乏。然而我的名字很有骨气。红梅，它迎春抗冻，人人喜欢。希望大家记住我叫巩红梅。

……

我姓宋，名德让。有一次，一位朋友对我说，他最愿意和我做生意。我问为什么，他说："和你做生意不吃亏，因为你'送（宋）了，还得（德）让'。"

上述这些方法，都是提前精心准备的结果。想要有一个让听众过耳不忘、与众不同、非同一般的开场白，不能依赖于到现场的灵光乍现，而是要在讲话开始之前就精心设计好。准备演讲从来不是从开头入手，而是应当先确立演讲的目的，然后围绕目的收集材料，并将材料加以组织整理，最后要做的才是着手准备开场白。只有这样，才能更好地选择正确而恰当的开场方式。

▓ 开场的三大禁忌

禁忌一，开场白没完没了

有的人开场后，没完没了讲十几分钟，依然没有进入主题，就似小脚太太的裹脚布，又臭又长。一般来说，出现这种错误有三种原因。一是讲话者性格过于活泼，爱说爱笑，遇到当众讲话的机会总是云里雾里地乱侃，忘记了讲话主题；二是讲话者表现欲过强，不放过任何自我表现的机会，讲话时总喜欢自我吹嘘，对讲话主题早已抛到脑后；三是讲话者准备不足，上台后缺少讲话素材，为了不冷场，只好用没完没了的开场白来拖延时间。

禁忌二，装腔作势不真诚

一是假道歉。有的人喜欢用"向听众抱歉"的方式开场，比如"很抱歉，由于时间很紧张，今天只能给大家简单讲几句"，还有"今天没有做什么准备，讲得不好请大家多多原谅"。这些看似道歉的话，非但不能拉近讲话者与听众之间的距离，反而容易引起听众的反感和排斥。二是用看似高深的专业术语开场。一些人为了提高自己的权威性，总喜欢用抽象、陌生的专业术语做开场白。这种做法不但镇不住听众，反而会打消他们听下去的积极性。

禁忌三，不自信的感觉

一是向听众示弱，乞求掌声支持。很多人习惯一上台就向听众要掌声。从心理学角度来分析，脱稿讲话是一场讲话者和听话者之间的心理较量。讲话者一上台就示弱，很容易让听众看贬，表明讲话者还没开始较量就已经败下阵来。二是过多解释自己为何上台讲话。为使自己的讲话"师出有名"，有些人开场时总是反复向听众解释为什么要讲话，其讲话的意义何在。过多的解释不但没有达到使听众重视的效果，反而显得自己心虚、不自信。

上述三种禁忌，都需要在平时的脱稿讲话中尽量避免。

本章要点总结

脱稿讲话开场的总体原则

☑ 说应情应景的话。

脱稿讲话常用的九种开场方法

☑ 现挂法：把现场看到的、听到的、想到的，拿来就用，现场就说，俗称套近乎。

☑ 直接点题法：开门见山，直接点出讲话主题。

☑ 提问互动法：即开口就向现场听众提出问题。

☑ 引用金句法：引用名人名言或富含哲理的话，以此引出话题。

☑ 设置悬念法：开口就设置一个悬念，以引起听众的好奇。

☑ 故事导入法：开场就讲一个故事，以此来吸引听众的注意。

☑ 出奇制胜法：用别人意想不到的见解来引出话题，达到语惊四座的效果。

☑ 实物展示法：利用道具实物来进行展示。

☑ 自嘲幽默法：在一些不是特别正式的社交场合，适当开些玩笑，轻松活泼一些。

开场的三大禁忌

☑ 开场白没完没了，装腔作势不真诚，不自信的感觉。

第五章

给脱稿讲话结尾加点"料"

　　脱稿讲话中，结尾和开场都很重要。如果说好的开场是成功的一半，那精彩的结尾则能为脱稿讲话锦上添花。相对于开场，脱稿讲话的结尾难度更大、要求更高。本章就为你介绍如何来给脱稿讲话结尾部分加点"料"。

▓ 脱稿讲话结尾的重要性

俗话说，编筐编篓、重在收口，描龙画凤、重在点睛。好的讲话结尾要如撞钟，干脆响亮，又回味无穷，能够给听众带来余音绕梁、意犹未尽的感觉，让听众受到鼓舞、震动。相反，结尾索然无味、草草了事，则会让人觉得虎头蛇尾、难以满意，心中感到失望，对整体讲话的评价也会降低不少。

从某种意义上说，脱稿讲话结尾的要求比开场更高，用语要更有内涵，内容要更加耐人寻味。这是因为结尾不仅能呼应前文，更是对整个讲话的提炼和升华。总体来说，一个好的讲话结尾有三个作用：一是概括，二是强调，三是升华。

在日常工作中，相对于讲话开头，绝大多数人对讲话的结尾比较轻视。过去，我也经常犯类似错误。好几次因为讲话时间紧张，在前面啰啰唆唆说了半天，没能讲到核心内容，后面领导不停提醒、催促，导致自己说话速度越来越快，最后只能在急急忙忙中仓促收尾。

做好结尾，首先要有结尾的意识，其次要有结尾的方法。

根据脱稿讲话的场合性质，我们把结尾分为两种情况来分析处理：一是日常类的脱稿讲话；二是演讲类的脱稿讲话。

▓日常类脱稿讲话的结尾方法

日常类脱稿讲话，比如参加各类工作会议、一般性活动等，这种场合脱稿讲话的结尾情感相对不需要那么强烈，无须特地升华、煽情，做到淡定平实即可。

在这种场景下，应该如何结尾呢？

通用公式是：总结 +X。

总结，就是把脱稿讲话的核心要点内容，用最简单的语言总结复述一遍，以此加深听众印象。

X，可以是自谦、感谢、希望、祝福等场面话。

举例：

在××单位举办的党史教育座谈会上，小钱的讲话结尾是这样说的："总之，我围绕'学思行'，勤于学习、善于思考、勇于实践，谈了自己的一些看法，这些看法不一定准确，请各位领导和同志指正。""学思行"相当于把前面讲话内容作了一番总结复述，"这些说法不一定准确，请各位领导和同志指正"属于自谦。这样的方法就是：**总结 + 自谦**。

××部门在某个区召开工作现场会，这个区为筹备本次会议做了大量细致周到的工作。领导在讲话的结尾部分除了讲工作要求外，最后说："做好文明城市创建工作意义重大、任务艰巨，希望大家按照今天会议的部署要求，立即行动，全力抓好任务落实。××区为今天的现场会做了大量辛勤工作，为会议提供了周密的工作保障和精心服务，让我们用热烈掌声向他们表示衷心感谢。"这就是：**总结＋感谢**。

还有一些常见活动的开幕式、典礼仪式等，最后讲话的结尾都会说："最后预祝本次研讨会圆满成功，祝与会嘉宾身体康健、工作顺利、生活愉快。"这就是：总结＋祝福。

"总结＋X"在日常工作中比较常见，用的也比较多。如果讲话者想不落俗套，有更好的发挥，还可以运用其他一些结尾方式。这里列举两类，供参考使用。

一是利用诗词、对联、名言警句等作为结尾。

举例：

某国企的新产品发布会，企业老总在讲话结尾这样说：

"在这个值得纪念的日子里，我突然想和在座各位分享汪国真的那首诗：我不去想是否能够成功，既然选择了远方，便只顾风雨兼程；我不去想身后会不会袭来寒风冷雨，既然目标是地平线，留给世界的只能是背影；我不去想未来是平坦还是泥泞，只要热爱××公司，一切，都在意料之中。祝福××公司，谢谢！"

这个结尾就很特别，很有味道，让人感动。

二是利用讲故事作为讲话的结尾。

举例：

小张去参加某培训班，老师在培训结束时讲了一个故事，作为结尾，效果很好。他是这样讲的：

在我的演讲即将结束前，我想和大家分享一个故事。有位心理学家曾经做过一个非常有趣的实验。他将一只饥饿的鳄鱼和一些小鱼放在水族箱的两端，中间用透明的玻璃板隔开。刚开始，鳄鱼毫不犹豫地向小鱼发起攻击。第一次，它重重地撞在了玻璃上，失败了；但它毫不气馁，继续向小鱼发起一次比一次猛烈的攻击。当第十次凶猛的攻击失败后，这条鳄鱼受了重伤；但他还是没有放弃，仍然一次比一次更用力地撞向玻璃挡板，第十三次，第十四次……最后，当多次攻击无效后，这只鳄鱼终于停止了攻击。这个时候，心理学家将挡板拿开了，但这只鳄鱼已经不再攻击小鱼了，它缩在水族箱的另一端，无望地看着那些小鱼在它的眼皮底下悠闲地游来游去，连动一动的念头都没有了，在一次次失败后，它已经放弃了努力。

朋友们，为什么鳄鱼放弃了努力？是因为它已经彻底失去了斗志，丧失了获胜的欲望。在现实生活中，我们很多人就像这条鳄鱼一样，在开始的时候意气风发。但是，在一次又一次的挫折打击和失败之后，我们伤痕累累、身心俱疲。

更不幸的是，在一次惨烈的失败后，我们没有了激情、没有了梦想、没有了斗志，剩下的只有黯淡的眼神和悲伤的叹息。我们已经忘记，此时也许我们离成功就差一步。所以，遇到困难，一定要告诉自己"再坚持一下，千万不要在黎明前倒下"。

想要用好以上两种结尾方式，最关键的还是要充分准备，就如前面章节所讲的，用讲故事、提问题、设悬念、幽默等方法做开场白一样，都是提前精心准备的结果。

▌演讲类脱稿讲话的结尾方法

演讲类脱稿讲话有仪式感，带有一定表演性质。另外在庄重、正式的场合，比如各类论坛、大型活动的致辞，以及人代会、政协会的讲话等，这类场合的讲话结尾一定要把感情扬上去、升起来，即利用结尾掀起高潮，在情感上引起听众的共鸣。具体的方法：

一是发出倡议，号召听众采取行动。

举例：

2022年5月28日，美国康奈尔大学校长向2022届毕业生发表了演讲，结语是这样的：

你们来到康奈尔，不仅是为了获得学位，而是为了接受教育。且不是任何教育，是为了获得你知道你将在这里找到的，独特的康奈尔式的教育：它不仅给予你技能和知识，还让你在能力、精神气质和思维习惯上做好为影响世界做出一份自己贡献的准备。

我要对今天在座的每一位同学提出一个非常简单的要求：运用你的康奈尔教育，做出有意义的影响。不仅运用你在课堂上获得的知识，还有你在这里养成的思维习惯和康奈尔精神：质疑和探索的勇气，对科学和真理的不懈追求，对文学、艺术的欣赏，对自然的热爱，对多元价值和不同观点的尊重，明白拥有好友和为人友的重要，以及坚韧不拔地前行，即使你为自己设定的道路和你所面对的环境会有曲折和变数。

我对大家的期望是，无论从事什么行业，以你自己的方式，做一个真正的影响者。让你们对这个世界的影响是真实的、持久的和善意的；让你在这里结识的朋友们继续分享路途中的甘苦；让康奈尔永远在你心中，正如你将永远是康奈尔的一份子。

再次祝贺 2022 届同学们圆满毕业！

二是通过展望未来，提出希望、鼓舞斗志。

举例：

丘吉尔就任英国首相时的演讲是这样结尾的：

"正如我曾对参加现届政府的成员所说的那样，我要向下院说：我没什么可以奉献，有的只是热血、辛劳、眼泪和汗水。摆在我们面前的，是一场极为痛苦的严峻考验。在我们面前，是漫长的斗争和苦难的岁月。

你们问：我们的政策是什么？我要说，我们的政策就是用我们的全部能力，用上帝所给予我们的全部力量，在海上、陆地和空中进行战斗，同一个在人类黑暗悲惨的罪恶史上所从未有过的穷凶极恶的暴政进行战争。这就是我们的政策。

你们问：我们的目标是什么？我可以用一个词来回答：胜利。不惜一切代价去赢得胜利。无论多么可怕，也要赢得胜利，不论道路多么遥远和艰难，也要赢得胜利。因为没有胜利，就不能生存。大家必须认识到这一点：没有胜利，就没有英帝国的存在，就没有英帝国所代表的一切，就没有促使人类朝着自己目标奋勇前进这一世代相袭的强烈欲望和动力。

但是，当我挑起这个担子的时候，我是心情愉快、满怀希望的。我深信，人们不会听任我们的事业遭受失败。此时此刻，我觉得我有权利要求大家的支持，我要说："来吧，让我们同心协力，一道前进！"

▓ 结尾的三大禁忌

与脱稿讲话的开场禁忌一样，脱稿讲话的结尾也有一些禁忌，需要在实践中注意避免。

禁忌一，拖沓冗长

有的人讲话结尾来回说重复的话和离题的话，让听众听不下去。结尾应该尽可能采用简练、短小的语句，千万不能拖沓冗长、拖泥带水，要学会在点明主题后及时结束。

禁忌二，节外生枝

结尾是为了再次点明、升华讲话主题，所以一定要紧紧围绕着主题来展开。有的人结尾抛开讲话主题，节外生枝跑题了，破坏了整场讲话的统一和完整，让听众听后感觉无所适从，不明白讲话者到底要表达什么意思。

禁忌三，缺乏激情

结尾应该掀起讲话的最后高潮，讲话者应该情绪饱满，用自己的激情来感染听众。如果自己都缺乏激情，甚至死气沉沉，听众的心弦又怎么会被打动呢？

本章要点总结

脱稿讲话结尾的三个作用

☑ 一是概括，二是强调，三是升华。

日常类脱稿讲话的结尾

☑ 结尾的通用公式：总结 + ×。

☑ 总结，就是把脱稿讲话的核心要点内容，用最简单的语言加以总结复述，以此加深听众印象。

☑ ×，可以是自谦、感谢、希望、祝福等场面话。

演讲类脱稿讲话的结尾

☑ 结尾要把感情扬上去、升起来，利用结尾掀起高潮，在情感上引起听众的共鸣。

☑ 具体方法：一是发出倡议，号召听众采取行动；二是通过展望未来，提出希望、鼓舞斗志。

结尾的三大禁忌

☑ 拖沓冗长，节外生枝，缺乏激情。

第六章

让脱稿讲话更出彩的表达技巧

　　脱稿讲话时如何使语言更生动，更有说服力，更富感染力和表现力？本章从常见修辞手法、讲故事、打造金句等方法入手，教你如何让脱稿讲话更加出彩，使听众更易理解和接受。

▓ 让讲话出彩的修辞手法

○ 比喻的三个关键

比喻，即把一种事物比作另一种事物，是最常用的修辞手法之一。大家都熟悉的"一切反动派都是纸老虎"就是一个经典比喻。把反动派比作是"纸糊的老虎"，貌似强大，但实际上一戳就破。通过这个比喻来发动群众、鼓舞士气，树立必胜信心。

中医治人不治病，有一个经典比喻：一段木头潮湿了就会长出蘑菇，如果把木头看成人，蘑菇看成病，这就好像人生了病。如果想让木头上没有蘑菇，西医的方法是摘蘑菇，但只要木头还是潮湿的，即便是摘了蘑菇，木头还会不断地长出新蘑菇。而中医治人不治病的理念，是不去考虑摘蘑菇，而是去治木头，只要把木头弄干燥了，就算上面还有菇菌，也长不出蘑菇。也就是说人的状态好、免疫力强，就算有病毒细菌，也会受到抑制，是不会轻易生病的。

上述例子可以看出，如果在脱稿讲话中，能恰当地运用比喻，可以使抽象的事物变得具体，使深奥的道理变得浅显，从而可以帮助听众更好地理解讲话者所讲的事物，加深听众的认识和印象。

在讲话中使用比喻，要注意三个关键问题：一是选择喻体时，要注意尽量选择浅显、生动、具体的事物，与听众的日常工作生活相接近，便于理解接受；二是拿来进行比喻的两个事物，不但需要在外表上有共同点，更重要的是在内在特质上也要有相似之处，两者需神形兼备，这样才能更好地揭示事物本质；三是比喻要用得恰到好处，求精而不求多，不能为了比喻而比喻。

○ 反问的两种运用

反问，是用疑问形式来表达确定意思的一种修辞手法。

反问的主要特点是只问不答，让听众从反问句中领会讲话者真正想要表达的意思，明确表达、强调讲话者的观点情感。

禁烟英雄林则徐，一生清正廉洁。有人劝他应该多积攒些钱，以便将来留给子孙。林则徐却回答："子孙若如我，留钱做什么？子孙不如我，留钱做什么？"连用两个反问句作回答，发人深思。

反问句在运用时，包括肯定式反问和否定式反问两种：

肯定式反问，看似肯定，实际是表达否定的意思。与一般的肯定句相比，肯定式反问句的语调上扬、语气更重、表达力度更强。比如，"如果我们只顾眼前利益，搞短期行为，污染了环境，破坏了生态，还怎么持续发展？我们的子孙后代怎么办？"这句话连用两个反问，表达了对"肆意污染环境、破坏生态行为"的强烈不满。

否定式反问，即用反问语气表达肯定的内容。比如，"难道人是生而知之，后天就不需要学习吗？"这句话是在反驳"人生而知之"的论点，目的是强调"人人都需要学习"的重要性。如果讲话者平铺直叙，用陈述的方式来表达这个观点，就会显得平淡无力。而反问句式，则可以使讲话者的感情更强烈、观点更鲜明，从而给听众留下深刻、难忘的印象。

○ 设问的三种形式

所谓设问，就是指讲话者为了强调某内容，故意提出问题，然后自问自答，或者是只问不答，由听众经过思考，自己得出答案。在脱稿讲话中运用设问可以有效地激发听众主动思考。

举例：

某地春节后上班第一天，全市召开"优化提升营商环境"主题万人大会。会议设置一个主会场和九个分会场，全市各区县各部门相关领导和近千名企业家通过云直播实现"云参会"。该市市委书记在会议一开场就抛出三连问：本市营商环境还有哪些不如人意的地方？营商环境问题的背后到底是什么原因？对标先进地区和国际标准，本市在营商环境方面还有哪些差距？让所有参会人员共同陷入了思考，引发现场企业家的强烈共鸣。

在具体运用设问过程中，根据提问的方式不同，可以分为三种形式：

一是一问一答。即讲话者先提出一个设问，紧接着自己回答。这种一问一答的设问，可以迅速吸引听众的注意力，然后通过讲话者感情真挚的回答感染听众，从而达到让对方深思的讲话效果。

二是几问一答。即讲话者先提出一连串的设问句，然后集中加以回答。这种设问方式，能够有效增强讲话者的语言和情感气势，最终使听众接受讲话者的观点。

三是连续问答。即连续地使用一问一答的形式。这种设问，以步步紧逼的手法制造出一种势不可挡的气势。也就是说，讲话者可以在层层递进的过程中，使听众对自己的观点从怀疑到接受，再从接受到认可，最后从认可到支持。

在职场常见的会议场景中，运用最多、最广、最为普遍的设问句式是：为什么我这么认为呢？为什么我这么说呢？使用的过程中，往往是先提出一个观点，然后引出这两句设问，接着再作解释说明。这种设问除了可以引发听众的注意力之外，还可以帮助讲话者锁定观点，不至于跑题。

○ 排比的两种类型

排比是把结构相同、意思密切相关、语气一致的词语或句子排列在一起的一种修辞方法。

脱稿讲话中用到的排比，一般来说要有三个或者三个以上在结构上、意义上、语气上一致的词句。排比一般要有提挈语，就是在排比中反复出现的相同词语。在脱稿讲话中运用排比，可以让讲话更有力度、更具冲击力、更有气势，给听众留下深刻印象。经典的例子如马丁·路德·金的《我有一个梦想》：

我梦想有一天，这个国家会站立起来，真正实现其信条的真谛：我们认为这些真理是不言而喻的——人人生而平等。

我梦想有一天，在佐治亚州的红色山岗上，昔日奴隶的儿子将能够和昔日奴隶主的儿子坐在一起，共叙兄弟情谊。

我梦想有一天，甚至连密西西比州这个正义匿迹、压迫成风的地方，也将变成自由和正义的绿洲。

我梦想有一天，我的四个孩子将在一个不是以他们的肤色，而是以他们的品格优劣来评价他们的国度里生活。

……

还有梁启超的《少年中国说》：

少年智则国智，少年富则国富，少年强则国强，少年独立则国独立，少年自由则国自由，少年进步则国进步，少年胜于欧洲则国胜于欧洲，少年雄于地球则国雄于地球。

上述两个例子就是大量运用重复式排比，使语言和情感具有强大的冲击力，让听众听后心跳加快、热血沸腾。

此外，排比分显性排比和隐性排比两种类型。

显性排比。指有提挈语的排比，通过"提挈语"强调所要表达的重点内容，给人以突出鲜明的印象。比如，陶铸《理想，情操，精神生活》一书中谈到：一个精神生活很充实的人，一定是一个很有理想的人，一定是一个很高尚的人，一定是一个只做物质的主人而不做物质的奴隶的人。在这个排比中，"一定是一个"就是提挈语，放在分句中间，铿锵有力地表达了对青年人要具有共产主义理想、集体主义情操、充实的革命精神生活的呼唤和期待。

隐性排比。指没有提挈语，只是有相同语法结构的语句排比。比如，我们党宣传思想工作的使命任务是：举旗帜、聚民心、育新人、兴文化、展形象。

○ 对比的三种方法

所谓对比，就是把两个相反、相对的事物或同一事物相反、相对的两个方面放在一起，用比较的方法加以描述或说明。

比如，鲁迅将战士和苍蝇进行对比：有缺点的战士终究是战士，完美的苍蝇终究不过是苍蝇。再比如一些名言：虚心使人进步，骄傲使人落后；"亲贤臣，远小人，此先汉所以兴隆也；亲小人，远贤臣，此后汉所以倾颓也"。这些都运用了对比。运用对比，可以引出好与坏、善与恶、美与丑的对立，给人以鲜明的形象和强烈的感受。

在使用对比过程中，有三种方法：

一是横比法。就是把具有可比性的不同事物、不同态度、不同的人放在同一场合进行比较，比出真假、正误、好坏、显示出各自不同的特色。比如，高尔基的《海燕》就用了这种方法——在暴风雨中，海燕像黑色的闪电高傲地飞翔，而蠢笨的企鹅则四处躲藏。通过对比，比出了崇高与卑下、伟大与渺小，海燕的形象更为光辉夺目、撼人心魄。

二是纵比法。就是把同一事物、同一个人放在不同历史时期、事物的不同发展阶段进行对比，以显示变化。比如，鲁迅的小说《故乡》中写闰土就使用了这种方法。少年闰土的外貌是：紫色的圆脸，头戴一顶小帽，颈上套一个明晃晃的银项圈。这副外貌显示了少年闰土的天真稚气、可爱有趣，充满活力。而中年闰土的外貌则发生了很大变化：他身材增加了一倍，先前的紫色的圆脸，已经变作灰黄，而且加上了很深的皱纹；眼睛也像他父亲一样，周围都肿得通红……手里提着一个纸包和一支长烟管，那手也不是作者所记得的红活圆实的手，却又粗又笨而且开裂，像是松树皮了。这时的闰土与少年闰土判若两人，显得苍老、呆滞、麻木。什么使他失去了往日的活力？原因就在于"多子、饥荒、苛税、兵、匪、官、绅"。通过这种对比揭示了社会的黑暗、生活的本质。

三是自身对比。就是指同一事物内部所表现出来的不统一、不协调、自相矛盾的对照比较。例如人物的语言与行动、表象与本质、享受与奉献等相反的对比。比如，契诃夫的小说《变色龙》中的警官奥楚蔑洛夫对上司摇尾乞怜，对普通百姓却凶相毕露，构成了鲜明对比。

○ 借代的六种关系

借代，指为了把某件事情说清楚，不直接就事论事，而是借用与这件事情密切相关、比较具体、人们更为熟悉的事情代替，这种修辞也叫作"换名"。其中，用来代替的事物叫作借体，被代替的事物叫作本体，借代的基础是人或事物的相关性。比如，在谈到反腐问题时，我们经常说要"坚持老虎、苍蝇一起打"。用"老虎"代替"大贪官"，用"苍蝇"代替"小污吏"；在谈到政府权力运行问题时，经常会说要把"权力关进制度的笼子"，用"制度的笼子"代替"不敢腐的惩戒机制、不能腐的防范机制和不易腐的保障机制"，以此来形象说明要加强对权力运行的制约和监督。

运用借代可以把讲话内容表述得具体形象、简洁精练，让听众感受到语言的生动形象和直指人心的感染力和震撼力。如果不用借代，直接说"坚持大贪官、小污吏一起打""加强对权力运行的制约和监督"，在表达上就显得平铺直叙、没有特点，难以给人留下深刻印象。

运用借代的修辞手法，要特别注意用以借代的事物必须具有明显的代表性，人人都知道、都熟悉，说出来后听众能立即明白所指事物。另外，借代的借体和本体不能同时出现。

按照本体和借体之间的不同关系，借代可以分为以下几类：

1. 特征代替本体。比如，红领巾在做广播操。"红领巾"是少先队员的标志，此处用来代指少先队员。《梅岭三章》中的"旌旗十万斩阎罗"，用"旌旗"代替军队。

2. 器具代替本体。《琵琶行》中的"主人下马客在船，举酒欲饮无管弦"，"管"指管乐器，"弦"指弦乐器，这里作者以演奏的乐器来代指音乐。

3. 专名代替本体。指用具有典型性的人或事物的专用名称代替本体。《最后一次讲演》中的"你们杀死一个李公朴，会有千百万个李公朴站起来"，此句中的第二个"李公朴"代指不怕流血牺牲，为争取民主和平而战斗的人们。

4.局部代替整体。就是用事物具有代表性的一部分代替本体事物。《望天门山》中的"两岸青山相对出，孤帆一片日边来"，用船的一部分"帆"来代替整个船。

5.事物的整体代替事物的部分。《送孟浩然之广陵》中的"孤帆远影碧空尽，唯见长江天际流"，借长江代指长江的滚滚波涛。

6.具体事物代替抽象事物。《过零丁洋》中的"辛苦遭逢起一经，干戈寥落四周星"，用古代兵器"干戈"代指战争。《梅岭三章》中的"南国烽烟正十年"，"烽烟"原是古代边境用以报警的烟火，这里代指战争，从而把战争抽象的概念具体化、形象化了。

除了比喻、反问、设问、排比、对比、借代六种常用修辞手法之外，还有双关、夸张、递进等其他修辞方法，在此不一一列举介绍了。在脱稿讲话时适当运用一些修辞手法可以使讲话更加生动有效，同时，也要注意修辞如同味精，要适度，要使用得恰到好处，不能为了修辞而修辞、过多过滥。

▌多讲故事、举例子、说段子

故事，很容易理解，每个人都喜欢听故事，都不喜欢他人讲大道理。讲故事最好是讲自己的故事，讲自己的亲身经历，这样感染力强，能打动听众。而且讲自己的故事，往往会很放松，一般不容易紧张。当然，故事也可以用他人的、用看到的、听过的，都可以，但最好还是用自己的。

举例子，就是遇到抽象且不好表达的观点时，用类似的案例来证明。

段子，人人都听过或看过。比如，电影《大话西游》中有段耳熟能详的经典桥段："曾经有一份真挚的爱情摆在我的面前，我没有珍惜，等到失去时才追悔莫及，人世间最痛苦的事莫过于此。如果上天能够给我一个重新来过的机会，我会对那个女孩说三个字：我爱你。如果非要给这份爱加上一个期限，我希望是，一万年。"我原先参加口才培训班时，经常会听到培训师讲这样的段子："曾经有一个很好的当众讲话机会摆在我的面前，我没有珍惜，等到失去时才追悔莫及，人世间最痛苦的事莫过于此。如果上天能够给我一个重新来过的机会，我会紧紧抓住那个机会，大胆地说三个字：我要说。如果非要在这三个字前面加上一个期限，我希望是，现在立刻马上。"

这就是把段子进行了改编，效果非常好。当然，段子的使用要注意场合，尽量在轻松、愉悦的场合，比如社交活动、饭局上加以运用。

▓ 打造金句的六种方法

所谓"金句"，就是在文章或讲话中醒目突出、给人印象深刻、难以忘怀的句子。简单说，就是文章或讲话中的点睛之处。一篇文章或是讲话中，如果通篇都是平铺直叙、稀松平常的内容，很难引起听众的注意，更不会留下什么深刻印象。怎么办？关键是要打造属于自己的金句。

下面，介绍一些打造金句的方法，建议你去尝试一下。

一是用时间句式进行对比，带动听众情绪。比如，常见的"少壮不努力，老大徒伤悲"；"今天你对我爱理不理，明天我让你高攀不起""中午不睡，下午崩溃""今年二十，明年十八"。

二是用反义词相互对比，令人印象深刻。比如，喜剧大师卓别林曾经说过"人生近看是悲剧，远看是喜剧"；锤子手机的广告词是"漂亮得不像实力派"；形容新疆昼夜温差大用"早穿棉袄午穿纱，围着火炉吃西瓜"。其中，"悲剧—喜剧、漂亮—实力、棉袄—纱、火炉—西瓜，都是"反义词"，放在一起，给人以强有力的冲击。

三是用递进句式，后一个比前一个重要，用递进关系突出后者。比如，没有写不出的文章，只有深入骨髓的懒；没有好看的衣服，只有好看的身材。

四是使用群体句式，用不同群体的不同特色进行相互对比。比如，穷人常洗澡，富人常洗脑；小孩才分对错，大人只看利弊。

五是选择句式，让对方在设置的两个条件中找到选择。比如，要么忍、要么滚；要么战胜困难，要么被困难战胜；不是你死，就是我亡。

六是文字游戏，把一个词换成另一个词的属性，类似于脑筋急转弯。什么鱼不能吃——木鱼不能吃；什么瓜不能吃——傻瓜不能吃；我走过的最长的路——就是你的套路；宝马 MINI 的广告语——别说你爬过的山，只有早高峰。

当然，金句是需要创造的，不是脱口而出，而是需要用心去积累，然后才慢慢过渡到创造。此外，金句可遇而不可求，需要因事、因景、因人而异，在某种特殊场景之下，在某些特定群体中，一个平时看起来普通的句子就成了"金句"了，甚至成为一个人撕不掉的标签。建议按照上面提供的思路和方法，结合实际大胆创造。

本章要点总结

让讲话出彩的常用修辞手法

☑ 比喻、反问、设问、排比、对比、借代。

☑ 比喻的三个关键：一是选择喻体要注意尽量选择浅显、生动、具体的事物；二是比喻的两个事物，外表上要有共同点，内在特质也要相似；三是比喻要用得恰到好处，求精而不求多。

☑ 反问的两种运用：一是肯定式反问，二是否定式反问。

☑ 设问的三种形式：一是一问一答，二是几问一答，三是连续问答。

☑ 排比的两种类型：一是显性排比，二是隐性排比。

☑ 对比的三种方法：一是横比法，二是纵比法，三是自身对比。

☑ 借代的六种关系：一是特征代替本体，二是器具代替本体，三是专名代替本体，四是局部代替整体，五是事物的整体代替事物的部分，六是具体事物代替抽象事物。

让脱稿讲话更出彩的关键

☑ 讲故事、举例子、说段子。

打造金句的六种方法

☑ 一是用时间句式进行对比，带动听众情绪。

☑ 二是用反义词相互对比，令人印象深刻。

☑ 三是用递进句式，后一个比前一个重要，用递进关系突出后者。

☑ 四是使用群体句式，用不同群体的不同特色进行相互对比。

☑ 五是选择句式，让对方在设置的两个条件中找到选择。

☑ 六是文字游戏，把一个词换成另一个词的属性，类似于脑筋急转弯。

第七章

让脱稿讲话更自信的方法技巧

奥巴马说过，"公众演讲无论是面对社区工作者，还是面对地球上最强势的人，我所吸取的最宝贵教训就是——要永远表现出信心十足的一面。"如何展现脱稿讲话者的强大气场，展示强烈的自信？本章将带着你从有声语言和无声语言两方面入手进行针对性的训练改善。

▉ 有声语言

有声语言指的是讲话者通过声音表达、听众能够听到的内容，包括音量、语气语调、语速、节奏等。下面结合日常工作生活中常见的问题提供有针对性、实效性的训练方法。

○ 放开声音的日常训练

过去我说话有一个缺点，就是说话音量小、嗓音放不开。可能是在南方长大的原因，我习惯于用口腔的最前一段发音，加上说话速度快，导致说话的音量小。有时候在人多、正式的场合，如果没有话筒就会感觉到很费劲——讲的人费劲、听的人更费劲。

我们在公众场合听别人讲话，在分析讲话内容之前首先关注的是讲话者的音量，能不能听得见、听得清。讲话者音量过大、过小都不合适，都会让听众不满意，从而影响对讲话者的印象。音量小，必须放大，只有声音够大，听众才能听得见；音量大，需要调低，否则听众会觉得聒噪。

现实生活中，讲话者的问题往往是，讲话时无暇顾及或者说无法判断自己的音量到底是否合适。因为在许多场合下，没有人提这个问题，除非讲话者的声音过大或过小，让听众无法忍受，大家才会指出来。所以，自我判断说话的音量是否适中，是解决音量问题的前提，只有对此做出准确判断，才能对自身的音量加以调整修正。

这里教你一个准确的判断方法：说话时注意观察讲话场合最后一排听众的体态，尤其是注意他们的头部动作。如果大家在听你讲话时，坐得很安详自然，那说明你讲话的音量正合适；如果他们的身体往后，头有点往后仰，那就说明你的音量有点大了；如果最后一排听众的头部动作，感觉是在侧耳细听，这说明你的音量过小，听起来有点费劲，这时候就需要加大音量。

一般说来，讲话者音量小的情况比较常见。如果声音过小，该如何来练习提高呢？这分两种情况。

心理问题导致讲话声音小

很多人由于紧张、不自信，当众讲话时养成了说话声音小的习惯。

这种情况可以按照下面的步骤，来刻意练习大声说话：

第一步，最开始时，在没有其他人的地方，用自己最大的音量，每天读一篇文章或唱一首歌；

第二步，找最亲近的朋友或家人，同样用自己最大的音量，每天在对方面前读一篇文章或唱一首歌；

第三步，在和朋友聊天时，逐渐地提高自己的音量，尽情表达自己的观点。

经过一系列反复长时间的练习，你会发现自己已经养成了用"正常"音量说话的习惯。

发音习惯的问题导致讲话声音小

这种情况不妨多做一些呼吸和发声训练。

具体做的时候，可以采用胸式呼吸和腹式呼吸相结合的方式：胸式呼吸在吸气时胸部会向外扩张，腹式呼吸在吸气时腹部会向下向外推。两种呼吸方式相结合，可以使吸气量增大，气息运用也会更灵活。

在习惯了用胸腹来呼吸后，可以逐渐学习用"丹田之气"来发声：

第一步，身体自然放松站直，把嘴巴张开，张开的幅度以是否能容纳食指与中指并拢的宽度为准，保持打开喉咙的状态，脸部自然放松；

第二步，把一只手放在腹部，感受气息由腹部向上送，快速冲向软腭，发"啊"字；

第三步，逐渐拉长这个"啊"字；

第四步，将"啊"字变成一首诗或一篇文章，每一个字都拉长练习；

第五步，练习用丹田之气对远处，仿佛在百米之外的人说话："你过来啊！"

做练习时应注意循序渐进的原则，开始时，练习时长应该适量，根据个人情况可逐步延长。通过上述步骤以及一系列练习，你就会发现自己可以轻松地发出较大的声音了。

○ 控制语速的"默念123"法

所谓语速，就是讲话时声音的快慢。我们往往用某个人在单位时间内发出音节的数量，来衡量语速的快慢。语速一般可分为快速、中速、慢速三种。

快速：指1分钟内发200个音节以上。

中速：指1分钟内发100～200个音节。

慢速：指1分钟内发100个音节以下。

正常人的一般语速基本集中在中速，语速过快、过慢都会对表达产生一定影响。绝大多数人在脱稿讲话时，都存在语速过快的问题，这也是紧张的一种外在表现。在工作中，很多场合对发言时间都有要求，比如说控制在5分钟以内。最近网上有则新闻说，某地开会，为了控制与会者的发言时间，专门在会场放置了闹钟，发言者的时间一到，闹钟就响，发言人就不能再讲了。所以，会场上一般人语速普遍比较快。但语速过快会导致讲话者说不清楚，听众听起来费劲，给外界的印象就是紧张、不自信。

你注意去观察，越是级别高的领导，讲话语速就越慢。那怎么控制自己的语速呢？要有意识地观察听众的反应。

每次脱稿讲话开口时，要不断提醒自己不能说得过快，要控制好语速，让听众能听清楚。讲话时要注意观察听众的反应，听众一旦出现费解、怀疑的表情，就要立刻反思自己的语速是否过快，要尽可能地放慢语速，让听众听明白。

这里教你一个强制降低语速的方法，叫作"默念123"法。

具体这样来做：就是每当说完一句话时，先在心中默念"1、2、3"，然后再接着说下一句话；说完下一句之后，继续在心中默念"1、2、3"……循环往复。通过这种方法，可以让语速强行减慢。

当然，控制语速，也要注意适中，不能无限度地放慢。对于讲话过快的人，或是遇到关键时刻，可以这样来做；如果讲话者本身的语速不快，那就没有必要了。

○ 语气语调的调整变化

如果在讲话过程中，讲话者的语气语调始终没有变化，就如同和尚念经一般，那听众肯定会感到厌倦，容易打瞌睡。要想使自己的讲话更具吸引力，不仅要在讲话内容上下功夫，更要在讲话的语气语调、节奏上多多琢磨。讲话过程中调整语气语调，关键是要有轻重缓急、抑扬顿挫。

那该如何调整自己的语气语调呢？在操作层面，关键是要有意识地对语气语调加以调整和变化。

在讲话中，语速可以适当调整、有快有慢，比如，在表达一般性、没有强烈感情色彩的内容时，可以语速适中，不快也不慢；在表达热烈、兴奋、激动、愤怒等情绪时，语速就要加以调整，变得更快些，给听众的情感冲击才会更强；与此对应的，如果表达思念、悲伤、沉寂、失落、失望的情绪时，则需要放慢语速，娓娓道来。

讲话过程中，某些地方可以做适当的停顿，通过停顿来让听众感受语言的节奏美。比如，在较长的段与句之间加以停顿，起到自然过渡的作用；在一般讲述中，为了给听众大脑以"思考"，也可以做简短的停顿，这种情况多出现在一个意思表达完毕之后；在表达某个关键内容时，也可以刻意停顿，往往可以达到出人意料的脱稿讲话效果，起到强调作用。总而言之，适当的停顿可以使讲话者的信息更加有效而巧妙地传递。

另外，在讲一句话时，找出其中需要强调的部分，说得重一些。总之，语速、停顿、重音等这些都能让听众感受到变化。"文似看山不喜平"，讲话也是同理。尤其是在社交场合、欢快的场合，问好时可以大声扬上去，向听众要点掌声；讲话的结尾如果需要号召听众采取行动，就需要来点激情的声音。讲话的声音一旦有了变化，自然就更加生动了。

▓ 无声语言

无声语言又称为态势语言，是有声语言的重要补充，主要包括体态、表情、目光、手势等，可以配合有声语言传递信息。讲话者打造说话气场、表现自信，很大程度上是通过无声语言来实现的。

○ 体态控制的"三定法"

自信的表达首先来源于讲话者对自己体态的控制。一个讲话者，最先给听众传达的信息，不是他一开口说的是什么，而是开口前后 90 秒内体态语言传达出的信息。试想一下，如果一个人走上讲台，表情僵硬、眼睛乱瞟、身体乱晃，听众会觉得他能讲好吗？

很多时候，体态的问题实际上是内在紧张造成的。控制好体态也能帮助我们控制好紧张的情绪。这里讲的控制体态的"三定"法，实际上也是控制紧张的方法。

一是笑定。每次开口时，如果能未说先笑，那给听众的感觉绝对是如沐春风，没人愿意看到一张板着的脸给大家说教。人的情绪能互相传染，你笑了，观众也会觉得轻松，整个气氛就缓和了，这又反过来影响到你。所以，学会在讲话前对听众微笑，是控制紧张的第一步。具体的练习方法是：每天对着镜子，用说悄悄话的方式（说悄悄话的目的是练声），读"引"字100遍。

二是眼定。许多人讲话时眼睛不敢看人，或不会正确地与听众进行目光交流，这实质是紧张的另一种表现，叫"目中无人"。听众需要尊重、认同和情感沟通，目光交流是最有效的方法。在人多的场合，开口之前先扫视所有人，这是"Hold住"全场的绝佳表现，领导一般都这样。具体的练习方法是：在眼睛的前上方3～5米处找一个点，最好是找一片绿叶，眼睛看一秒钟、再闭一秒钟，再睁再闭，早晚各100次。

三是身定。上台时，或当全身暴露在听众面前时，许多人不知如何站，手也不知道如何放。所谓"站有站相"，有经验的人上台总是人站好了、站直了、站稳了，才开口说话。怎样才算是站好了呢？关键是要做到站如松，身体必须站直或挺直，双脚与肩同宽，体重平均分配在两条腿上，脚底感觉牢牢地抓住地面，双手自然地垂在两侧，这样看起来稳重挺拔。具体的练习方法是：每天对着镜子看着自己的眼睛，面带微笑，以军姿站好，心中默念1、2、3之后，再开口以悄悄话的方式说"大家好，我是××，很高心见到大家"，早晚各10遍。

○ 目光交流的 16 字口诀

目光交流在表达情感过程中能发挥很大作用，但许多人往往都容易忽略。

许多人脱稿讲话时的目光交流存在两类问题：一是不敢看，二是不会看。

不敢看，就是不敢直视听众的眼睛，比如讲话时眼睛或朝上看或向下看，或是看其他地方，还有目光发虚，这些都反映了讲话者的不自信。

不会看分两种情况：一种是目光像探照灯一样扫来扫去，虽然看了听众，但听众觉得讲话者没有和自己做目光交流；另一种是讲话者死盯某个人或某个方向，目光不移动，而被盯着的听众往往容易感到尴尬。

针对上述这些目光交流中存在的问题，教你 16 字口诀：瞻前顾后、以点代面，左顾右盼、不忘两肩。

当众脱稿讲话的场合一般听众席可以分为两种座位形式：排排坐形式和圆桌会议形式。下面分别介绍如何进行目光交流。

排排坐形式。这种形式听众以前后排座位的形式落座。按照惯例，前排就座的一般是领导和重要人物，对这些人，目光一定要顾及，而坐在后面的往往是同事或其他人，也不能忽略，所以要用"瞻前顾后"，意思是前后排的听众都要顾及到。所谓"以点带面"指以看某个点来代替某个面。排排坐的场地往往较大、听众较多，所以扫视每一位听众既不方便也没必要。较好的做法是，以某个点作为目光交流的目标，交流时适当地停留，给这片"面"上的听众以目光交流的感觉。

圆桌会议形式。这种形式是指参会者坐在圆桌边上，彼此围成一圈。此时，讲话者与坐在其对面的人，往往目光交流比较频繁，而坐在圆桌左右两边的人容易忽略，此时要用到"左顾右盼"，提醒讲话者要有目光交流的意识。此外，圆桌会议上，讲话者最容易忽略的是紧挨自己左右两边的人，所以要"不忘两肩"。

针对目光交流中不会看，出现死盯或者来回转动的情况，这样来处理：讲话者在讲一段话或者表达同一层意思时，和一个人做目光交流，等这段话或是这层意思表达完了，再移动目光，从一个人切换到另一个人，或者从某个角度切换到另外一个角度。这样停留的时间相对就比较合适，既不会出现死盯，又避免了目光来回转动，给听众留不下印象的问题。

○ 微笑的"哆来咪"训练法

富有变化的表情对于提升讲话效果具有重要意义，尤其是在特定场合，如何使用合适的面部表情，对讲话者来说是不小的挑战。长期在体制内尤其是机关工作的人，因为工作性质、工作场合相对比较正式严肃，所以慢慢养成板着脸的习惯。再加上在一些公众场合，由于紧张，担心自己讲不好或讲不到位，心理有压力，很容易形成一张面无表情的"扑克脸"，僵硬不自然，缺乏亲和力，在很大程度上影响了与他人的交往。

这种情况怎么改变？关键是要让自己面无表情的脸变得亲切一些、生动一些、丰富一些。这看起来很复杂，具体做起来实际很简单，就是要学会微笑。这是改善面部表情最简单、最实用的方法。通过微笑，可以表达友好、善意、亲和的讲话态度，表达自信从容的人格魅力。

如何练习微笑呢？这里教你一个"哆来咪"训练法，就是训练嘴部肌肉。笑本来是由嘴唇附近肌肉的带动而形成的，所以练习微笑，最关键、最基本的是要训练脸部肌肉，让肌肉更加灵活、更加生动。

"哆来咪"训练法是从"哆"开始，接下来是"来"，最后是"咪"，一个音节一个音节地依次发音，尽量夸张一些，声音大一些，反复多次训练后，这样可以让你的嘴部肌肉更加灵活多变。训练时建议照着镜子练习，这样可以观察自己的口型变化和微笑的大致轮廓。当嘴唇附近肌肉更加灵活后，微笑也就变得更加自然生动。

表情对于讲话者表达情感至关重要。在某些场合，一个不恰当的表情，可能会导致轩然大波，让当事人陷入意想不到的困境。微笑也要注意场合和氛围，不是在所有场合都适用。比如，原陕西省安监局局长杨达才视察特大交通事故现场时的"微笑门"事件就是典型案例。还有一些特殊场合、特殊场景，表达特殊内容也需要展现出相对应的表情。比如，鲁迅先生的"横眉冷对千夫指"，在表达这句话时，如果面带微笑就不合适，此时需要把自己的眉毛横起来，表达蔑视、无畏的情感。所以，表情的运用应根据各种场景的需要，及时加以调整。

○ 手势的区位和类型

　　手势在脱稿讲话中比较常见，尤其是说话者站着讲话时，往往会用到手势。手势具有较强的表现力和吸引力，有的人通过自己独特的手势，使之成为鲜明的个人标签。比如丘吉尔的 V 手势，一些领导人在讲话时经常有叉腰、挥手的手势，这些都形成了自己的风格。

　　对于普通人来说，具体怎么做手势呢？关键是要了解掌握一些使用手势的基本原则和知识，然后配合讲话内容，自然地使用手势，这样就可以有好的效果了。

手势的三个区位

　　手势的三个区位，分别是上区位、中区位、下区位。我们把人体分为三个区域：肩部以上，称为上区位；肩部至腹部，属于中区位；腹部以下，代表下区位。上中下区位的手势都表示一定的含义，不能混淆。只有对手势三个区位的基本含义有所了解，才不至于出现张冠李戴的笑话。

上区位一般表示理想的、宏大的、正面的内容，还有殷切的希望、胜利的喜悦、幸福的祝愿、未来的展望、美好的前景等，往往表现正面的情感；中区位一般表示记叙事物、说明事理，没有过多的感情色彩，呈现中性化特征，讲话者一般使用较多；下区位表示憎恶、不悦、不齿的内容，往往表达负面的情绪。

脱稿讲话用得最多的是中区位。

手势的四种常见类型

除了手势的三个区位外，还要了解四种常见的手势类型。

数字手势。讲话内容涉及数字时，用相应的手势来表示，起到强调作用。

指代手势。比如讲话内容涉及方位时，如上面下面、前面后面等，用手指指示让表达的信息更加明确，这时手势能起到补充作用。

描述手势。讲话内容涉及形容词，或者讲话者说不清时，可以借助手势帮助说明情况。

功能手势。指表达特殊含义的手势，比如说伸出大拇指表示赞美和表扬，攥拳表示信心，用 V 字表示胜利等。

要强调的是，手势必须随着讲话内容和讲话者的情感以及现场气氛自然地表现出来，手势要与讲话者的声音、面部表情、身体姿势等密切配合、协调一致，不能生搬硬套。用什么手势应该是一种自发行为，必须发自内心，是自然产生的，刻意使用手势没有必要，也不会有好的效果。

本章介绍了有声语言和无声语言，前者包括放开声音的日常训练、控制语速的"默念123"法以及音调的调整变化；后者包括体态控制的"三定法"、目光交流的十六字口诀、微笑的"哆来咪"训练法与手势的区位和类型。我把这些简单地总结成七个"一点"：声音大一点、语速慢一点、音调变一点、体态直一点、目光看一点、表情笑一点、手势配一点，这对于改善讲话效果是很有帮助的。需要特别说明，关于无声语言也就是态势语言，有些书介绍的会很详细，比如：手势怎么做，先伸左手还是右手，手抬到多高的位置；眼睛怎么看，环视、仰视、点视等等；微笑到底是露出六颗牙还是八颗牙……如果处处严格按照这样的要求来执行，你会发现，你就不是你了。态势语言，关键是要发自内心，遵守一些基本的原则和要求就可以了，不能也不需要太教条和刻板。更重要的是，一个人在脱稿讲话时，关键是要全身心忘我地投入，这是最合适的，也是最自然的，更是最容易打动人心的。如果讲话时处处想着这样合适不合适、那样美不美，只能说明你没有完全进入状态，没有全身心投入其中，这样反而是本末倒置了。所以，本书介绍的态势语言内容相对简单而实用。

有声语言、无声语言都是为讲话内容服务的，都需要与讲话内容相配合，说话声音和表达情感要一致。比如，表达悲伤、惋惜时，语速就要放慢，语调就要降低；当表达愤怒、气愤时，语速就要快，音调就要调高。声音如此，手势、表情、目光等都要遵循同样的要求，都要和表达的内容、情感相一致。否则，无声语言就成了虚假、做作的演戏，这不是我们提倡的。

本章要点总结

有声语言

☑ 放开声音的日常训练：心理问题导致讲话声音小，三步法刻意练习大声说话；发音习惯的问题导致讲话声音小，要多做呼吸和发声训练。

☑ 控制语速的"默念123"法：每说完一句话，在心中默念"1、2、3"，然后再接着说下一句话……循环往复。

☑ 语气语调的调整变化：运用调整语速、停顿、重音等技巧，有意识地对语气语调加以调整和变化。

无声语言

☑ 体态控制的"三定法"：笑定、眼定、身定。

☑ 目光交流的16字口诀：瞻前顾后、以点代面，左顾右盼、不忘两肩。

☑ 微笑的"哆来咪"训练法：要尽量夸张，放大声音，反复训练努力让嘴部肌肉更加灵活多变。

☑ **手势的三个区位**：上区位、中区位、下区位。上区位一般表示正面情感；中区位表示记叙事物、说明事理，没有过多的感情色彩；下区位表示负面的情绪。脱稿讲话用得最多的是中区位。

☑ **手势的四种常见类型**：数字手势、指代手势、描述手势、功能手势。

第八章

从容应对脱稿讲话的十种突发状况

脱稿讲话要想讲得好，关键得准备好！但有时就算准备得很好，也会遇到一些意想不到的突发状况，让讲话者措手不及。本章帮你分析那些可能会发生的突发状况，并提供相应的解决办法。

▓讲话时间临时被缩短了

参加某工作会议，会议通知上要求每位参会者做 5 分钟交流发言，你提前也是按照这个时间来准备发言内容的。但到了现场，因为参会的主要领导临时有其他公务，只能参与前半程会议，但领导又想听完所有人的发言才走，所以临时决定每个人发言时间压缩到 3 分钟。你准备的内容很重要、想讲的内容又很多，这时候怎么办？

我的体会是如果时间有明确限制，不管准备得有多充分、心里有多少话要说，还是要无情地舍弃，集中一点来讲。所谓"一点"，就是选择那些最贴近主题、自己最为熟悉、感受最深的内容，把想讲的内容集中到一点，其他统统舍弃，这样才能保证在有限时间内把想讲的内容表达到位。

有句名言：你不可能说尽大海，但可以说尽一滴水，一滴水就能折射出太阳的光辉。

比如，某部门召开全市半年工作总结会议，参加会议的有区县和重点市级部门的分管负责人，总计三十多人。按照会议安排，领导要听取每个人的工作汇报，汇报要求每人不超过五分钟，但实际上每个人都超时了，临近中午十二点，才有一半人发完言。主持人看到这种情况，明确要求掐时间，坚决不允许超时。之后，有位负责人发言，使人印象深刻，他是这样说的："我们的工作和其他区县基本类似，为了节省时间，重复的话我就不说了，下面我就如何打造亮点品牌工作，给大家汇报一下……"因为大家工作彼此相同，半年总结也基本类似，这时候这位负责人只谈一点，既突出了重点又节省了时间，发完言后，领导当场点名表扬。

所以说，时间不够怎么办，集中一点说，说深、说透、说到位。

▓突然被领导或主持人点名发言

参加某会议，原先并没有发言准备，突然被领导或主持人点名要求发言，此时没有任何思想准备，怎么办？

这种情况下，最大的问题就是紧张。因为紧张，束缚了思路。思路展不开，又加剧了紧张，从而陷入恶性循环，最后只能磕磕绊绊、想到哪说到哪。所以，遇到突然被点名发言时，解决问题的关键在于：如何舒缓紧张情绪，尽快打开思路。在缓解紧张前，首先要弄清楚会议发言什么时候最紧张？有两个阶段，一是等待阶段，快轮到发言时，会越来越紧张；二是开口阶段，发言的前30秒，紧张会达到最高峰。往后讲往往会逐渐放松下来。所以，想要控制紧张，重点是要把握好发言的前30秒，如果能顺利、流畅地开口，后面就会好很多。

被突然点名发言，如何控制好发言的前30秒，关键是学会说应时应景、场面上的话。建议使用公式：好＋谢＋谦。好，表示问好；谢，表示感谢；谦，表示谦虚。

举例：

各位领导、同事，大家好，非常感谢主持人把这个宝贵的发言机会交给我。说实话，我还是挺紧张的。一来准备的时间有限；二来我对××问题的认识可能还不到位，所以说得不一定对，权当是抛砖引玉。

被突然点名发言，开口要说几句应情应景的话，用"好＋谢＋谦"这个公式，一是能化被动为主动；二是能让听众觉得自然得体；三是能化解因突如其来的情况造成的一时紧张，为后续发言赢得思考时间。

会议发言快轮到自己了，越来越紧张

会议中，参会者依次发言，快轮到自己时感觉越来越紧张，心脏似乎都要蹦出来了，这时开口怎么办？

还是要学会说场面上的话，控制好紧张，方法和前面的公式"好＋谢＋谦"只有一字之差，叫作：好＋肯＋谦。

好，表示问好；肯，表示肯定；谦，表示谦虚。

举例：

尊敬的张部长，各位同事，大家好！刚才听××的发言，我感受很深。特别是他提到围绕××工作，要采取××措施，给了我很大启发。下面，结合自己的思考，我谈谈对这个问题的看法，说得不对的地方，请大家指正。

运用此方法讲"肯"字时，要注意两个细节。

一是要具体。每个人都爱听好话，但好话要听起来真实才可以，否则会适得其反。工作中，常会听到"你说得很好""你干得挺不错的"之类的话，往往让人觉得虚伪客套。所以，肯定对方时必须具体，就是要讲清楚对方讲得好，好在什么地方。

二是要及时。肯定对方一定要及时，犹犹豫豫会耽误时机。肯定不及时，对方会感觉你是有所企图、刻意为之。

下面提供四种肯定他人的角度：

一是肯定他人的观点新颖独特，有借鉴意义；

二是肯定他人思路清晰、观点明确；

三是肯定他人讲话内容丰富、底蕴深厚、信息量大；

四是肯定他人语言生动，大家爱听想听。

肯定他人的前提是要认真听别人讲话，这也是转移紧张情绪的一种有效手段。

▍前面发言者把自己想讲的内容说完了

参加某会议，发言人很多，你排在后面，发现前面的发言者把自己想讲的内容都说完了，这时候你还要说，但又不能重复，怎么办？两种方法来处理。

一是"说实话＋谈最深"。就是先说心里话，然后再谈感受最深的一点。

举例：

大家好，听完前面同志的发言，发现大家把我想要说的都说完了，我没话说了。但又难得有这么个发言机会，那就谈谈自己感受最深的地方，请大家不要嫌我啰唆。

二是"找台阶＋说观点"。就是给自己找个台阶，然后再说出观点。

举例：

大家好，听完前面的发言，让我想起来一句话：英雄所见略同。我和大家想到一块去了。我也认为这个问题应该……

通过英雄所见略同这句话，给自己找个理由和台阶，这样听众就不会觉得你是重复他人的话，而是感觉你和大家是一致的。

▓ 讲话内容与他人意见不一致、有冲突

前面讲会议发言快轮到自己时感到越来越紧张，此时开口可以先肯定前面发言者的内容。但如果前面发言者的观点与我们的观点不一致，甚至截然相反，这时就无法肯定了，该怎么说？两种方法来处理。

一是学会说一个词 "角度"。

举例：

刚才，××从××角度谈了对××问题的看法，思路很清晰，给了我很大启发。现在，我从另一个角度也谈谈对这个问题的看法，请大家指正。

二是肯定对方讲话中的某个具体细节。

举例：

刚才，××在讲话中提到，处理××问题时要注意调动基层的工作积极性。对于这一点，我完全同意。下面，我从另外一个细节谈谈自己的想法。

角度或者细节都是从他人讲话中找到的，然后予以肯定，这并不代表我们肯定对方讲话的全部内容。在发表与他

人不一致的内容时，在发言前说上一段肯定的话，能够有效降低对方的对立情绪。

▓ 讲话中出现了口误

在大多数人的脱稿讲话中，难免会遇到一些口误，说着说着就说错了、说漏嘴了。此时该怎么办？

这时候，最重要的是不能慌乱，要根据所犯错误的严重程度来从容应对。

如果是小口误，比如是读音错误等，可以直接忽略不计，继续往下说；如果是明显的口误，比如说错了时间、地点、数字等，重新再说一遍就可以，或者立即反问听众："你们觉得我刚刚说得对吗？"这样可以巧妙地避开尴尬；如果是重大错误，就需要郑重地解释说明："刚才，我说的××观点，我要收回，这个观点是错误的，应该……"

▓ 讲话过程中突然忘词了

忘词是许多人在脱稿讲话的过程中经常犯的错误，怎么处理？教你一个忘词应对四步法。

第一步，故作镇定。出现忘词，最好是面不改色心不跳，就好像什么也没有发生。许多人一忘词就发慌，一发慌就紧张，一紧张就不知所措，根本不知道如何应对！其实，发言者的讲话内容，听众是不知道的。所以，出现忘词首先故作镇定，别人不会以为你是忘词。

第二步，稍作停顿。发言过程中，停顿 3 秒钟以内都是很正常的，而且是一种很重要的表达技巧。忘词之后，故作镇定地停顿下来，听众会觉得很自然。

第三步，复述内容。如果稍作停顿，还是想不起来内容，可以把刚才讲过的要点复述一遍，以争取更多的时间帮助回忆。

第四步，继续向前。如果复述完，依然想不起来，那立刻讲你当下能想起来的内容，千万不要纠结。

▓ 讲话被突然打断或被领导、听众提问

讲话过程中被领导或听众的提问突然打断，怎么处理？和前一节方法相似，教你一个应对提问的四步法。

第一步，仔细听题。遇到领导或听众提问，立即停止讲话，并与提问者做目光交流，体现自己的自信，同时表示尊重对方。

第二步，复述问题。把刚才的问题复述一遍："您问的

是……是吗?"让对方觉得你是在认真听讲,同时也给自己争取思考时间。

第三步,回答问题。回答时一定要注意针对性,回答时间不要太长,最好控制在 3 分钟以内。因为你讲话的内容是准备好的,不能因为对方的提问而影响接下来的发言。

第四步,坦率应对。如果领导或听众的问题,确实难以回答。可以坦率地说,但态度一定要真诚。比如:"你问的问题非常重要,对我们的工作具有很重要的指导意义。刚才你问的一些情况我现在确实不是很清楚,但会后我会第一时间了解情况并告诉你。接下来,我继续往下讲。"

▓ 主持会议时现场冷清、气氛沉重

如果你是会议主持人,主持会议时,参与者不是很配合,现场氛围很冷清,这时怎么办?教你三招。

一是指名法。很多时候,会议主持人讲完开场,请大家自由发言时,很容易出现一片沉默、会场冷清。此时主持人可以直接点名:"李部长,您是这方面的专家,肯定有好主意,请您先说说吧。""黄主任,看您胸有成竹的表情,一定有不少主意了。怎么样,您给大家开个头吧。"一般被点名的人往往会发表意见,这样会议场面就扭转过来了。

二是点拨法。有时候，与会人员因为陷入思维的死胡同，现场无话可说、无人说话。这时候，主持人可以在关键处进行点拨，帮助参会者打开思路。比如："如果从正面看不出特别的优势，那么反过来，咱们讨论一下这件事的弊端，到底有什么不利的地方呢？"经过点拨，参会者可能会更好地打开思路。

三是过渡法。当大家讨论问题到一定程度后，有可能出现暂时的冷场，此时主持人可以加以引导过渡，让讨论朝着更加深入具体的方向展开。比如："刚才大家对下一阶段加强人员培训都达成了一致意见，接下来，我们是不是应该围绕怎样培训，培训的时间、场次、内容、师资等具体问题再来说一说。"这样经过自然的过渡，能够有效引导众人朝着具体的细节方向展开讨论。

▉ 主持会议时出现分歧或跑题

一般情况下，会议出现分歧时，主持人不要急于喊停，可以等大家的意见都比较集中或明确时，再来进行总结并终止辩论。如果与会者在相互争论的过程中，情绪都比较激动，说的内容超出会议议题且比较棘手，或无法在短时间内找到解决办法，此时主持人可以用"收束法"把话题收回来。比如："老张提到的是一个新问题，见解很独到，理解也很深刻，以后我们可专门针对这个话题进行讨论。今天我们的主要议题是如何加强纪律管理，请大家还是围绕这一点展开讨论。"经过收束，后面的发言者会重新针对议题来谈，不至于出现离题万里的情况。

本章要点总结

脱稿讲话十种突发状况的应对方法

☑ 讲话时间临时被缩短了：集中一点说，说深、说透、说到位。

☑ 突然被领导或主持人点名发言：学会说应时应景、场面上的话，使用公式"好＋谢＋谦"。

☑ 会议发言快轮到自己了，越来越紧张：使用公式"好＋肯＋谦"。

☑ 前面发言者把自己想讲的内容说完了：一是"说实话＋谈最深"，二是"找台阶＋说观点"。

☑ 讲话内容与他人意见不一致，有冲突：一是学会说"角度"，二是肯定对方讲话中的某个具体细节。

☑ 讲话中出现了口误：根据所犯错误的严重程度来从容应对。小口误，直接忽略不计；明显口误，重新再说一遍；重大错误，郑重地解释说明。

☑ 讲话过程中突然忘词了：应对忘词四步法——故作镇定、稍作停顿、复述内容、继续向前。

☑ 讲话被突然打断或被领导、听众提问：应对提问四步法——仔细听题、复述问题、回答问题、坦率应对。

☑ 主持会议时现场冷清、气氛沉重：3 招应对——指名法、点拨法、过渡法。

☑ 主持会议时出现分歧或跑题：用收束法把话题收回来。

03

高阶篇

———

提升段位，
即兴发言

前面章节介绍的是脱稿讲话的基础篇和进阶篇，分别是如何正确地准备脱稿讲话和更好地提升脱稿讲话效果。从本章开始，就进入到脱稿讲话的高级篇，即在没有很好准备、突发情况下，如何做好即兴发言。

第九章

我眼中的
即兴发言

　　很多人面对即兴发言感觉压力山大，其实是在认识上存在一些误区。本章带你厘清误区，并教给你基本思路框架。

▋ 对即兴发言的新认识

即兴发言一般指讲话者事先未做多少准备，临场因时、因事、因景、因情而进行的讲话。在职场中，即兴发言占了沟通表达的80%以上。对大部分人来说，即兴发言是绕不开的坎。关于即兴发言，很多人都觉得压力山大、有难度、焦虑紧张、缺乏思路、无法掌控……事实上，面对即兴发言，有很多误区需要厘清和认识。

1. 即兴发言的目的不是显摆自己。很多人焦虑、纠结即兴发言，原因在于没准备、难度大、讲不好，容易导致自己出丑丢面子。其实很多时候，即兴发言并不需要讲话者谈出什么真知灼见，只是需要讲话者表达态度、显示热情、展示真诚，相当于在现场烘托气氛。纠结讲不好出丑这是讲话者自己的需要，现场烘托气氛是场景的需要。明白了这一点，我们对即兴发言的认知就能更加客观，期望值也会有所降低，内心也不会那么焦虑紧张。下次再讲时，就会提醒自己从紧张、焦虑、纠结等负面情绪中抽离出来，多想想外在的场合需要，把思想和注意力转移到现场来。当然，如果讲话者有这样的实力，能够在任何场合都口吐莲花、侃侃而谈，那显摆了也就显摆了，我默默地给你点个赞。

2.即兴发言要说少说好。正是因为即兴发言很多时候只是为了烘托气氛，所以一定要避免长篇大论、废话连篇。关键是要说好、说到点子上，点到即可。一般场合，建议选取一个较小的说话角度，将内容限制在一定范围内，相对集中，控制在3分钟500字以内为宜。

3.现场感是即兴发言的第一要求。即兴发言内容一定要切合现场的氛围，或严肃或诙谐，或喜庆或伤感等，要具有很好的现场感。如何才能具备现场感，关键是要学会抓取现场的讲话触点。所谓触点，就是从眼前的事、物、人中找出连接、引出话头，做到打开思路、有话可说。

4.即兴发言要力求在"情"字上下功夫。即兴发言既然是烘托气氛，那最重要的就是要表达真实的思想情感，做到有感而发、言为心声、情真意切。人的力量在心上，心的力量在情上。白居易在《与元九书》中写道："感人心者，莫先乎情。"意思是说文字只有靠真情实感才能打动人。真情发自内心，才能拉近听众与讲话者的心理距离，才有可能产生亲和力和感染力。

5.即兴发言并非完全意义上的没有任何准备。比如，参加某个会议，去之前是可以做预判的，需不需要讲话？如果讲，讲什么合适？再比如，到了会议现场，看到什么材料、听到什么信息，完全可以通过记录做些梳理，然后再进行预判，是否需要做发言准备？还有如果会场别人已经在讲，这时就要立即启动思路、列出发言提纲、做好发言准备。所以参加会议，不能把自己摆到纯听众的位置上，脑筋要时刻转动起来。即兴发言严格意义上来说，是一种半准备发言，是可以也应该做好准备的，关键看是不是有心、是不是敏感、能不能抓住机会，而这恰恰是高水平讲话者与一般人的区别。如果你是一个有心人，如果你是一个懂得沟通的人，在任何场合中，你的状态应该是时时刻刻做好准备。

▉ 即兴发言的基本思路框架

介绍一种我常用的即兴发言基本思路框架：凤头 + 猪肚 + 豹尾。

这个提法出自元代陶宗仪的《南村辍耕录》，书中记载：乔吉博学多能，以乐府称，尝云："作乐府亦有法，曰凤头、猪肚、豹尾六字是也。"所谓的凤头、猪肚、豹尾，指的是文章的"开头、中间主体和结尾"三个部分，要分别像凤的头部一样美丽俊俏、像猪的肚子一样充实丰满、像豹子的尾巴一样坚劲有力。凤头、猪肚、豹尾是对文章好的开头、主体、结尾的比喻，这个框架同样适用于即兴发言。

1. 即兴发言"凤头"的要求是得体。写文章的"凤头"要求是小巧美丽、吸引听众。但是作为职场讲话，尤其是体制内职场讲话的开场要求，最重要的是得体。即讲话者的话，要适合场景的需要，适合讲话者的身份，适合听众的心理需求。只有综合考虑这些要素，才能得出一个相对比较合适的开场。讲好"凤头"，方法就是做好"铺垫"，利用铺垫为自己的即兴发言暖场。

2. 即兴发言"猪肚"的要求是要有逻辑。即兴发言的主体，相对开头篇幅较大。要使即兴发言的观点站得住、立得牢，就必须做到内容充实丰满、有血有肉。但仅有这些是不够的，"猪肚"的核心要求是有逻辑。到了即兴发言场合，为什么许多人会没有思路，脑子一片空白呢？核心问题是对话题不熟悉，加之缺乏思考，最后导致讲话东一榔头西一棒槌，缺乏逻辑，非常零散，讲完后自己都不知道讲的是什么。所以，主体部分在充实的基础上，关键是要有逻辑，通过一定的逻辑关系，把讲话主体部分有机串联起来，以此来论证观点。

3. 即兴发言"豹尾"的要求是要有目的。即兴发言的结尾是一般人容易忽略的地方，非常可惜。讲话结尾是为讲话主旨服务的，要围绕实现讲话目标来设计。比如，结尾部分可以把讲话者的核心思想观点、讲话者的强烈情感等，用最简练的语言，再次传递给听众，进一步加深他们的印象，使得"豹尾"既简洁有力、言止意长、让人回味，又能表明讲话者的鲜明态度、实现讲话目标。

2020 年 1 月，时任海南省长沈晓明为海南首批援助湖北医疗队送行时的即兴发言被刷屏。这个讲话的结构就是"凤头＋猪肚＋豹尾"的完美运用。讲话在网上流传开，网友纷纷评论点赞："这个讲话没有废话空话八股官话。""有水平有温度，一看就是懂行的领导！""不但懂行，还懂你、懂心，这样专业出身的领导，太硬核了。"

举例：

在我的职业生涯中，已经记不起有多少次在机场送医疗队员。我在上海当医院院长时，在医科大学当校长时，在上海市当副市长时，有送去国外的，有送去国内的，有送去抗埃博拉疫情的，有送去帮助救援地震、海啸的，有送去汶川的，但是，这一次有点特别，不仅仅是因为我的身份变了，而是因为这次大家去完成任务的时间点不一样，大家要去完成的任务不一样。

我代表省委省政府，代表省委书记刘赐贵同志，在机场送大家，嘱托大家三句话。第一句话，希望大家继续发扬救死扶伤的光荣传统，永远把病人放在医生、医护人员心目中最重要的位置。我相信，你们一定能够做到！第二句话，希望大家记住，大家代表的是海南，代表的是海南人民。去了以后，要成立指挥部、成立党组织，大家要相互帮助、相互协助。根据我的经验，大家去了以后，可能会被分散在不同岗位，甚至是不同医院，大家要相互关心。第三句话，希望大家要有自我保护的意识，因为我们面对的是传染病。医生是不能生病的。医生生病，比一个普通的病人生病，带来的危害要大得多。因此累了不要扛，累的时候特别容易感染，累了就要说。你们如果感染了，可能会感染到更多的人，所以为了更多的人，你们自己也不能感染。

我看今天所有的人当中，估计都是我学生辈儿的人。这些话，是领导对你们的嘱托，也是老师对你们的嘱托。我就讲这些，期待着你们早日凯旋！

本章要点总结

对即兴发言的新认识

☑ 即兴发言的目的不是显摆自己。

☑ 即兴发言要说少说好。

☑ 现场感是即兴发言的第一要求。

☑ 即兴发言要力求在"情"字上下功夫。

☑ 即兴发言并非完全意义上的没有任何准备。

常用的即兴发言基本思路框架——凤头＋猪肚＋豹尾

☑ "凤头"要得体。

☑ "猪肚"要有逻辑。

☑ "豹尾"要有目的。

第十章

开场要得体

讲好"凤头",关键是要学会"铺垫"。利用铺垫帮助自己缓解紧张、启发思路、赢得思考时间,为下一步的"猪肚"奠定良好基础。

▓ 铺垫的作用和意义

讲好"凤头"的方法是要学会"铺垫"。

什么是铺垫？新华字典的解释是：事物发展过程中的前期准备工作。讲话的"铺垫"就是在正式讲话或者回答问题之前，先说些题外话、场面话。比如大家熟悉的一般性公务活动，如论坛、招商大会、启动仪式、项目竣工、发布会等，领导开口的第一句话往往是："金秋十月、丹桂飘香，在这丰收的大好时节……"这就属于铺垫。

铺垫的作用和意义：

1. 创造相对舒适的说话环境和氛围。由于即兴发言相对突然，所以容易引发讲话现场的紧张对立，这时候说一些铺垫的话，能够起到缓解、破冰作用，让整个场合的氛围更加融洽、自在、舒适。

2. 启发思路。一般人在即兴发言过程中，因为没有准备，所以思路容易受到限制。开场先说一段铺垫的话，可以帮助我们激发思维、厘清思路，嘴巴动起来，思路才能动起来。鬼谷子说过：口乃心之门户。思维与表达不仅仅只是决定从属关系，两者是互相作用、互相促进的。"口"不但是"心"的门户，"口"还是"心"的"推进器、加速器"。思维训练可以提高表达能力，表达能力的训练同样也可以激发、提升思维反应能力。所以，遇到即兴发言的场合，尽管一时没有讲话思路，没关系，只要大胆开口，持续表达，往往会带动思考，帮助厘清思路。

3.缓解紧张。人的紧张情绪往往在开口的瞬间会达到最高值，此时先说一些铺垫的话，可以让讲话者平复心情、缓解紧张，更加顺利流畅地开口。

▓ 铺垫的六种方法

1.陌生场合，最好的铺垫内容是自我介绍。

自我介绍，可以提前准备好，并且分不同版本。

比如，正式场合的版本，相对比较正规。例如，我是××部门的××，很荣幸能参加今天的活动，我们部门的职能是……，我们……（列出一个突出的特点，如我们在设计研发方面取得了什么成就，能力很强；我们能够解决一个突出而棘手的问题，效果很好）现场来了很多同行的好朋友，希望可以和大家一起交流。

社交场合版本，相对轻松活跃，这里介绍一个现在比较流行的自黑版自我介绍。所谓自黑，就是自己嘲讽自己，自黑能够体现放松与自信，能快速拉近讲话者和听众的心理距离。

举例：

2019年有一档综艺选秀节目《明日之子》，其中有个选手叫洪一诺，领衔了一支四人女子组合，临时取名为"豁出去乐队"，以此表达在选秀过程中迎接挑战、破釜沉舟的架势。自我介绍环节，四个人分别自称是"风格单一"洪一诺、"声音刺耳"周子琰、"自作高冷"李海珊、"无人问津"黄星侨。洪一诺一直以来都在唱老歌，风格从开始以来就没什么变化，而引起很大争议；周子琰的声音更是被大家吐槽；李海珊不太爱讲话，没有给人留下深刻印象；黄星侨的人气不高，也没有能让人记得住的表演。这些不到二十岁的女孩将自己的"劣势"展示出来博大家一笑，现场效果出人意料地好。

自黑式自我介绍套路三步走：

第一步，找到缺点。找一个自己的明显缺点，比如皮肤黑、眼睛小之类的。

第二步，夸大缺点。比如，对胖的夸张："我最近越来越胖了，昨天在餐馆吃饭，邻桌一哥儿们说我挡了他的WIFI信号！"对眼睛小的夸张："昨天领导进办公室，我明明在工作，他批评我上班睡觉。"

第三步，关联场合。就是将缺点和说话的场合关联起来，通常这样说：为了改善（之前的缺点）/为了改变我在领导心中的印象……

比如，最近越来越胖，参加某培训活动，可以这样说：大家注意到我的体型了？最近越来越胖了，安全带都扣不上了。为了让我的能力与体重匹配，我来到这里。

最后一步绝杀，上述三步如果不成功，大家不笑怎么办？你可以更进一步——嘲笑你的不好笑。

2. 熟悉的场合，自谦、感谢、肯定比较稳妥。

自谦，这是比较常见的铺垫方法。为的是把开场的调子定低一点，塑造讲话者谦虚为人的好形象。比如，在某个专题会议上，领导让小王即兴发言，如果小王是在前面发言，可以这样铺垫"下面我抛砖引玉，请大家批评"这类的话；如果在后面发言，就可以说"对这个问题我的思考没有大家那么深入，简单谈下自己的看法，说的不对之处还请大家包涵"之类的话。

感谢，比如，"感谢领导给我发言的机会，感谢组织创造这么好的平台，感谢之前同志们的发言，我受益良多……"。把场内的关键人物点名问候一遍，讲起来没什么难度，还能赢得大家的好感，显得讲话者很有礼貌。

肯定，就是表扬别人，肯定他们的发言或做法。比如，可以表扬个人，"前面几位同志的发言主题突出，生动形象，我听了很受启发，尤其是××讲到的……，××提到的……，都说得十分到位"，或者，也可以表扬组织，"对这个问题，我们处高度重视，第一时间组织了研讨，在大家的帮助下，我的认识进一步深化了"等等。

3. 从赞美现场的细节开场。

上面两种陌生、熟悉场合的铺垫相对简单老套，从现场的细节入手，虽然简单却很有特点，当然这需要讲话者仔细观察。比如，参加某个大型会议，发言者这样说："本次会议的组织者做了大量准备工作，非常细心、让人暖心，比如在会议签到处给每位参会者发了一份座位示意图，让大家一进会场就知道座位在哪里，避免了来回找；还有会场放了两瓶纯净水，有凉的、有热的，这是我第一次遇到，这种细心周到的安排让大家对会议印象很好，有这种充分准备和用心的服务，相信今天的会议一定会很成功。"

4. 在回答问题时的即兴发言，可以用以下几种铺垫方法。

一是赞扬问题。比如说对方提问，可以先对问题给予肯定和赞美，以此赢得好感，降低提问的挑战性。比如，"你问的这个问题非常好，很有针对性。""你问的问题很专业，一下子就问到了点子上。"

二是把问题普遍化。比如，"你问的问题，好多人都问过，很有代表性。""如果您不问这个问题，我也要替您问。""这个问题搞不清楚，做什么××都是盲目的，确实应该问。"

三是说出自己的处境。比如，"你问的问题，真把我给难住了!""你是怎么想到这个问题的？是不是关注这个领域很多年了？""让我试一下，看我的回答能不能让你满意。"

这三种回答思路，特别适用于一问一答的场景中。尤其是在回答一些较为尖锐的问题时，可以起到很好的缓冲作用，缓解你问什么我答什么的紧张状态。这三种回答思路的总体原则，就是超越问题、超越矛盾本身，把问题先摆在一边脱离开。

这三种铺垫方法，也是控制讲话情绪的好办法。尤其是在和对方沟通时，对方提问比较尖锐，一时不好回答，或者说戳到了发言者的痛处，讲话者就很容易失控冲动。这时候，如果脱口而出或是带着情绪讲话，很可能造成沟通双方发生更尖锐的冲突，此时使用铺垫，就能很好地加以缓解。

5. 学会说场面上的话。

这是即兴发言 4W 法则的具体运用。所谓 4W 法则，就是从四个首字母都是"W"的英文单词而来，分别是 Where（代表场合）；Who（代表现场的人，包括听众、讲话者）；When（代表时间，今天是什么特殊的日子或是发言讲多长时间等）；What（代表听众喜欢听什么、自己能讲什么）。在4W 法则运用过程中，在没有准备的情况下，要实现"站起来就说"的目标，必须围绕前三个"W"（Where、Who、When）做好铺垫，为引出最后一个"W"（What）赢得思考时间。学会说场面上的话，就是指先讲 Where 场合、Who 听众、When 时间这些内容，也就是我们平常所说的客套话、客气话。说这些话，目的是为了引出真知灼见，是为了后面的发言做好"铺垫"。

举例：

小刘在某乡镇担任镇扶贫办主任，因为分管扶贫的副镇长出差，镇里派他参加全县的扶贫工作会议。小刘原本以为参加会议只是听听报告，把会议精神带回去即可，并没有作发言准备。可到了现场，会议开了一半，突然要求参会人员轮流发言。原来，新来的分管扶贫工作的张副县长想了解各乡镇的扶贫工作，临时加了即兴发言这个环节。小刘是这么说的：

首先，说 Where（张县长、各位领导、同仁，大家好！很高兴能有机会参加今天的会议，也感谢会议给大家提供相互学习交流的机会）。

其次，说 Who（一是因为是替副镇长参会，所以首先要说明副镇长没来参会的原因；二是因为大家不熟悉自己，所以要做一个简单的自我介绍；三是因为张县长不熟悉情况，所以在介绍扶贫工作之前，要介绍一下自己所在乡镇的基本情况）。

再次，说 When（今天参会的人很多，大家都是同行，所以可能会有一些重复的内容，在这里为了节约时间，相同的内容我就不说了，我集中谈谈自己的感受）。

最后，说 What（小刘谈了自己乡镇扶贫工作的一些亮点和特色，并谈了存在的问题以及下一步打算）。

6. "讲题＋谈人＋说己＋借口"公式。

在某些会议或活动现场，我们没有任何思想准备，突然被叫到说几句，脑子里一片空白，此时可以用 "讲题＋谈人＋说己＋借口" 作为铺垫，为自己赢得思考时间。

讲题：讲一讲会议或者活动的主题。

谈人：谈现场见到的人，可以是主持人或是其他人，只要是现场的都可以。

说己：就是说自己的感受感想。

借口：因为时间关系，其他同事还要发言，自己就不展开说了，最后说一点。

举例：

小张去参加某个沟通训练营的公开课，途中被主持人突然叫起来谈谈感受体会，他是这样说的：非常荣幸能够被主持人邀请说说感受和体会。今天的主题是沟通训练，说实话这个题目太重要了，对于现在的职场人来说，每个人都需要。（讲题）看到今天有很多人都来参加这个公开课，说明大家都意识到了沟通的重要性。刚才听完主持人说的一番话，我觉得讲得很好，现场的氛围也非常不错。（谈人）我一直以来在沟通方面有许多困惑，一直也不知道如何解决，我过去一直以为一个人的口才是遗传的、是天生的，能说会道的人是有天赋的，但是我现在知道这种想法是错误的。（说己）今天因为时间关系，一会儿老师还要给大家讲培训，我就不展开说了，最后说一点（借口）：口才是有方法的，提高口才是有希望的。我为什么这么说呢？大家看培训师讲那么多方法和思路，它是有规律可循的，按这些方法、按规律去训练，我相信我们一定能成为一个能说会道的人。祝福大家，谢谢！

在这个公式运用过程中，"讲题＋谈人＋说己＋借口"都是为了最后说一点而做的铺垫，这些铺垫很有现场感，既不是废话也不会显得啰唆，在被突然"袭击"时，完全可以为我们所用。

■ 铺垫的注意事项

1. 铺垫不能过长造成喧宾夺主，要有时间意识。

2. 铺垫要有现场感。铺垫的内容要从现场抓取，要符合现场情境的需要，不能离开现场要素离题万里，否则就失去了铺垫的意义。这是铺垫的核心要求。

3. 铺垫不是追求讲得漂亮，而是得体合适。说话的"凤头"和写作文的"凤头"要求不一样。许多场合的脱稿讲话，讲究的不是有多精彩、多好听，关键是要得体合适，看是否适合场景、听众的需要，是否适合讲话者的身份。

本章要点总结

铺垫的作用和意义

☑ 创造相对舒适的说话环境和氛围。

☑ 启发思路。

☑ 缓解紧张。

铺垫的六种方法

☑ 陌生场合，最好的铺垫内容是自我介绍。

☑ 熟悉的场合，自谦、感谢、肯定比较稳妥。

☑ 从赞美现场的细节开场。

☑ 在回答问题时的即兴发言，一是赞扬问题；二是把问题普遍化；三是说出自己的处境。

☑ 学会说场面上的话。

☑ "讲题＋谈人＋说己＋借口"公式。

铺垫的注意事项

☑ 铺垫不能过长造成喧宾夺主，要有时间意识。

☑ 铺垫要有现场感。

☑ 铺垫不是追求讲得漂亮，而是得体合适。

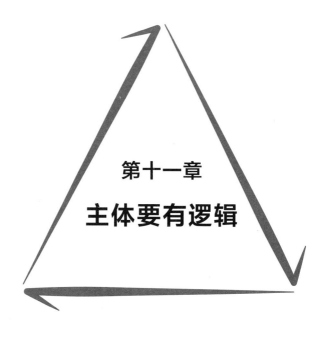

第十一章
主体要有逻辑

　　猪肚是即兴发言的主体，也是最重要的内容，讲究的是充实饱满，有内在逻辑关系，要有血有肉、自圆其说，能够支撑起即兴发言的思想观点。

　　本章结合各类常见的讲话场合，提供相应的即兴发言主体部分的讲话公式，供你在讲话中参考使用。与其说这些是讲话套路，不如说是讲话思路，有了这些具有内在逻辑的讲话思路，可以帮助你更好更快地组织语言、表达观点。

▓ 十种常用的即兴发言思路

○ 虚实公式

所谓虚实公式，就是把务虚和务实结合起来。具体有两个关键词：一是"感想"，指参加某个活动、参与某项工作的感受和收获，一般就是讲"虚"，以谈认识、讲道理为主；二是"行动"，指具体的动作，即怎么来干工作、做事情，一般就是讲"实"。这个公式适用于在听报告、参加培训、听领导讲话之后的即兴发言场合。在使用过程中，要注意谈感想感受时，多从细节谈起，不要过大过空；谈行动时，要注意操作性，能够落地落实。

举例：

全部门召开学习全市十四次党代会会议精神座谈会。会上，主持人随机点名，让我谈谈对会议精神的认识和看法，我就围绕虚实公式进行阐述：

自己原汁原味学习了市十四次党代会报告，报告对今后五年全市精神文明建设提出了明确要求，即要刷新文明高度，积极培育和践行社会主义核心价值观，持续推进公民道德建设，深化群众性精神文明创建，拓展新时代文明实践中心功能，擦亮全国文明城市"金字招牌"。这个要求对于指导我们今后的工作具有重要意义，使我们对精神文明建设的使命作用、重点任务都有了进一步的明晰，也为我们今后五年的工作画出了蓝图路线。（讲虚）

下面，我结合全市文明城市创建当前存在的一些突出问题，谈谈下一步落实好党代会精神的几条具体措施。一是对全年文明城市创建进行谋划部署，制定印发年度创建规划和创建责任分工手册；二是对全市创文点位进行常态长效的督导检查，确保标准明晰、责任明确、落实到位；三是加大对各区县开发区和相关市级部门的培训力度，确保知道"怎么干"；四是打造文明交通车让人工作品牌和亮点，进一步扩大影响；五是组织开展全市公益广告征集评选大赛，积极做好公益广告的展示传播，在全市营造浓厚的宣传氛围。（讲实）

○ 三点公式

三点公式，就是把讲话内容分成三点来讲：第一……第二……第三……在实际使用中，比较常见的表述方式有："我发表三个观点""我就三个方面谈一下自己的心得""我讲三个事例""我们的任务是分三步走"等等。在一些公众场合，领导讲话时通常会说"下面，我主要谈三点意见……""我还要补充三点……""我对大家谈三点希望……"等等，这种方法能够使讲话更具条理性。

为什么要分成三点，而不是四点五点六点呢？西方心理学家经过大量实验得出结论：听众在一段时间内，对若干项内容的记忆，前三点印象最深。在中国传统文化中，"三"有特殊的含义：如《道德经》开篇就说"一生二，二生三，三生万物"；《史记·律书》中记载"数始于一，终于十，成于三"；还有一些成语，如三心二意、约法三章、三教九流等，也很常见。这里的"三"，其实是"多"的意思。基于听众对前三点记忆印象最深，所以提倡在讲话时，最好将想要表达的意思提炼成三点来说。

举例：

单位安排小张去市委党校参加"网络舆情处置"培训班，培训结束后，回单位给领导汇报培训情况，领导问他对本次培训的感受如何？他这样回答："我觉得本次培训非常好，我有三点收获和三个难忘："三点收获"分别是思想上充了"电"，精神上补了"钙"，工作上加了"油"；"三个难忘"分别是老师们周密细致的工作令人难忘，专家们的精彩授课令人难忘，学校规范的管理和优雅的环境令人难忘。

"三点论"用在各种聚会场合也可以。

举例：

你去参加朋友的婚礼，被主持人临时邀请上台讲两句。

你可以直接这样说：在这里，我送上三个祝福。第一个祝福，祝福新郎新娘新婚快乐，百年好合；第二个祝福，祝福新郎新娘早生贵子；第三个祝福，祝福在场的所有朋友们，都能够幸福快乐，有情人终成眷属！谢谢。

明确分成三点来讲这很容易，但许多人的问题在于没有那么多可讲，或者找不到相关的素材和切入点。这里，告诉你三个切入点。

一是从现场寻找灵感。许多人在即兴发言时没有思路，不是说脑子里没有东西，关键是在压力情况下，脑子里的东西处于休眠状态，没有被有效激发出来。如何唤醒，有个重要方法就是，抓住现场的元素——看到的、听到的、想到的、感受到的，这种外界的刺激与内在的储备发生碰撞、产生化学反应，往往能够产生听众意想不到的内容，让大家耳目一新。

二是听众关心什么。就是在构思讲话时，要及时分析听众需求，他们关心什么？想听什么？然后有的放矢、有针对性地讲给听众。

三是明确自身目标。就是在这个场合，讲话者通过即兴发言要达成的目标，相关的内容必须要讲好、讲完整、讲到位。

从上面这三个点切入之后，往往能较快的帮助讲话者打开思路，找到使用三点公式的讲话素材。

○ 时间公式

所谓时间公式，指的是当我们要去描述一个设想或一段经验时，如果一时想不出来要分几个方面去讲的话，可以找出几个关键的时间节点，然后以时间发展顺序来描述相关的设想和经验。顺着这样的逻辑去说话，往往就有话可说，而且还能避免语无伦次。

常见的关键时间节点：第一阶段、第二阶段、第三阶段；第一步、第二步、第三步；过去、现在、将来；大一、大二、大三、大四；入职前、入职后；准备阶段、执行阶段、验收阶段。上述这些词就是常见的关键时间节点。讲话时，有了时间节点作为讲话框架，就可以做到边想边说了。

举例：

小王刚进入机关工作两年时间，由于勤奋踏实、积极肯干，很受领导同事欢迎，2021年底被评为优秀公务员。在处室召开的总结会上，处长让小王就获得优秀公务员的称号谈谈自己的感受。他这样说："记得两年前我刚刚进入机关的时候，还是一个什么都不懂的小白，不懂得写材料，不懂得会场布置，甚至不懂得怎么接打电话，但是我很幸运，遇到了许多愿意教我的领导和同事，在大家的帮助、关心、支持下，我才得以取得一点进步和成长。（说过去）今天，我能得到"优秀公务员"的称号，这得归功于领导和同事的支持、信任和理解、包容！在这里，我要真诚地对你们说声谢谢！（说现在）希望在以后的日子里，我能够继续跟大家并肩作战，共同成长！最后祝愿大家在工作和生活中能够心想事成！（说将来）"

○ 三到公式

即看到＋听到＋想到。此公式适用于参加某个活动，或者到了不太熟悉的某个场合，自己不是该场合的领导、主角，只是一个普通人，此时被邀请做即兴发言。你可以先说看到了什么，比如现场的人、环境等；再说听到了什么，比如领导、主持人等是怎么说的；最后再表达由此自己想到了什么。任何一种场合的讲话，主要有三大功能：情感沟通、信息传递、思想交流。许多人觉得，讲话必须要传递点什么或者交流点什么，有时候突然被人叫起来讲几句，往往觉得"压力山大"，害怕讲不好被人笑话。其实无须如此，和大家说几句心里话也是一种讲话，好多情况下的即兴发言就是拉近距离、情感交流，不见得非要大家知道点什么，因为我们不是老师，也不是领导，没必要背着讲多好、讲多精彩的思想包袱。看到什么、听到什么，然后想到什么，以事实说话；选取活动现场要素，拿来就说，拿来就用，既实用还特别有现场感，效果很好。即兴发言能发自内心地说几句带真情实感的话，就是一种成功。

举例：

小李周末逛商场，偶然碰见交警部门在商场里面搞"122 交通安全日"宣传活动，活动现场有节目表演、随机答题赠送奖品等环节，小李很感兴趣，就在活动现场看热闹。没想到，看了一会儿，电视台的记者非要拉着他进行采访，说让他谈几句对活动的感受。

他是这么说的："刚才，我看到了交通安全事故的警示片，太震撼了，那些交通事故真是触目惊心，没想到小小的一个交通违章能带来那么大的危害；看了女交警们表演了值勤手势操，很有气势，没想到交警值勤的手势还有这么多讲究；还看到许多市民积极参与交通安全题目抢答，说实话好多题目我都不知道，但现场还真有高手，能够第一时间答出来。（**看到**）现场还听到刚才××商家做了倡议，让市民共同遵守交通法规，还听到交警支队领导讲话，呼吁社会各界都要重视交通安全。（**听到**）这些都让我感受很深，交通安全和每个人都息息相关，交警部门搞这个活动很有意义，自己作为一名驾驶员要自觉带头遵守各项交通法规，安全开车、平安出行。（**想到**）

○ "问·原·方"公式

即问题＋原因＋解决方案。该公式适用于对工作、生活中的某个问题或现象展开讨论，或者被领导、他人问到某问题原因的回答。具体有三个步骤，一是用事实陈述问题，以此表明自己正视问题，不推诿不推卸，不为自己辩解的态度，体现担当；二是客观分析问题产生的原因；三是提供解决问题的方案。

举例：

小张在坐电梯时遇到领导，领导忽然问：去年的部门总结材料说好20号交，今天21号了，怎么还没有拿出来，目前是什么情况？

小张这样回答："是的，您要求材料20号之前拿出来，目前确实拖了一天。（问题）主要是因为第一稿材料拿出来后，我们几个人碰了一下，觉得大框架可以了，但内容需要加上本次市党代会的最新会议精神，特别是有些提法需要与市上保持一致；但目前党代会的公报还没有正式下发，我们和市委办公厅正在沟通。另外，总结材料给各处室都发了征求意见稿，也想听听大家的意见建议，但有部分处室年底事多，到目前为止还没有给予反馈，所以导致了拖延。（原因）针对这些情况，我们进行了分工，我负责去和市委办公厅沟通协调，力争今天下午拿到最新的通报材料，小王负责处室反馈意见，今天下午下班前全部反馈到位。然后，今晚我们加班弄出来，明天上午一上班交给您。（**解决方案**）"

○ "感·回·祝" 公式

即感谢＋回顾＋祝愿。这是比较常用的讲话公式，主要用在各种社交聚会场合，例如：亲朋好友婚礼、朋友生日会、同学会、老乡会、颁奖会、联欢会、答谢会、孩子毕业典礼、家庭聚会、同事告别会等。"感谢"常常用在讲话开头，表示礼节礼仪，比如感谢主持人邀请你发言，感谢主人邀请你来参加聚会等；"回顾"指简单回顾一下过去发生的事情，如果有跟会场的主人或者在场的其他人之间的情谊往事会更好；"祝愿"表示祝福、畅想、祝贺、表决心等。

如果用时间来分析这个公式，感谢是表示现在，感谢当下的人或事；回顾表示过去，回忆过去发生的事情；祝愿则表示将来，对未来的畅想、祝福以及决心行动等。所以，也可以把这个公式简单地理解为：现在，过去和未来。

如果是在单位年会，你可以这样说：感谢领导和大家的厚爱，能够给我这个机会，让我上台讲话。（**感谢**）回顾过去的一年，我们经历过风雨，也看到过彩虹……（**回顾**）祝愿大家在新的一年都能业绩高升，创造新的辉煌。（**祝愿**）

　　如果是在婚礼现场，你可以这样说：感谢各位到场的亲朋好友，感谢你们百忙之中来到婚礼现场，给予新人最好的祝福。（感谢）回顾我和新郎认识的十二年，我清楚他的为人，深知他是一个值得托付的好男人……（回顾）最后，祝愿他们早生贵子，百年好合，幸福美满。（祝愿）

　　如果参加大学毕业三十周年同学聚会，你可以这样说：首先，非常感谢大家给我这个发言的机会。也特别感谢班长老杨和其他几个老同学一起牵头组织了这次活动。（感谢）虽然三十年过去了，大家也都到了知天命的岁数，但是和大家一起走在校园里，上大学时的情景仿佛就在昨天。想起了军训时我们一起正步走，一起扛枪打靶；想起了一起欢度的中秋节；想起了在篮球场上，我们班的男生们勇夺冠军；想起了在校运会上，我们班更是刮起了一阵阵夺冠旋风。尤其是有一次，让我印象特别深刻的是，我们一起去……（回顾）最后，祝老师们身体健康，寿比南山，福如东海；祝同学们也身体健康，这样我们才能有更多的聚会机会，到了六十岁、七十岁，甚至八十岁，即使走不动了，我们推着轮椅也要继续相聚！（祝愿）

○ 破两难公式

　　工作生活中，我们有时会遇到一些进退两难的问题，比如男人经常碰到的经典问题——"女朋友和母亲同时掉水里，你会先救谁?"就曾困扰男同胞许多年。两难问题是即兴发言中的一种特殊情况，如果遇到，那该用什么方法进行回答呢? 有两种方法。

第一种方法，分情况讨论法。即设立一个角度或者评判标准，以此来做出判断。

著名剧作家沙叶新某次应邀出访美国，在与美国社会各界接触中，有人问他：您认为是美国好还是中国好? 他从容回答：美国虽然科技发达但有自身的弊端，中国虽然科技落后于美国，但有自身的好处。美国、中国都有自身的缺陷，这叫"美中不足"……一段话下来，现场紧张的气氛顿时变得和谐。

这也是一个典型的"两难"问题，沙叶新接过话茬不偏不倚地各打三十大板，对中美两国均一分为二，既肯定"好"的一面，也指出不足的一面，可谓合情合理，公正客观。"美中不足"这一成语的引用非常精妙、风趣灵活。

再比如，生活中，女朋友问男友最多的问题是"两件衣服，我穿哪一件衣服比较合适，这件还是那件?"聪明的男人每次都不会直接回答哪件好看哪件不好看，无论他说了哪件好看，那么剩下的那件都会成为女朋友生气的理由。所以，正确的做法应该是仔细地跟女朋友说，这件颜色适合她，那件款式设计得不错，最后还会补充一句，你穿哪件都好看。这样的回答通常会让女朋友非常满意。

第二种方法，不选 AB，而选 C。意思是在两难问题之外进行选择，跳出两难。

台湾主持人黄子佼，2017 年在北京卫视的一档节目做嘉宾，那期节目的主持人是北京卫视的栗坤，谢娜也同场参加。节目现场，有人问黄子佼：谢娜主持得好还是小 S（小 S 曾经与黄子佼谈过恋爱）主持得好？黄子佼犹豫片刻，不紧不慢地说：“曾经有段时间，我觉得小 S 主持得特别好；但后来一段时间，我觉得娜娜主持得特别棒。不过 2017 年的此时此刻，我的最爱是栗坤。”黄子佼的话说完，现场一片掌声。

黄子佼的回答同时运用了破两难公式的两种方法，前面两句话，用不同时间段作为标准来分情况讨论；最后一句话，运用不选 AB 而选 C 的方法，既在意料之外，又在情理之中，实在高明。

○ FAE 公式

即事实＋态度＋期望。此公式多用在评论自己不太熟悉、似懂非懂的事情方面，从描述事实（Fact，可以是你看到的、听到的、了解到的等）、表明态度（Attitude，可以是反对，可以是支持，也可以无所谓等）、表达期望（Expect，对事情本身的期待，希望往哪个方向去）这样三个维度，展开对某个事物的评述，让讲话者有话可说。在被问到不是很熟悉的话题时，一般人多多少少都能谈一些，但是往往只能是想到哪里谈到哪里，缺少明确的逻辑关系来展开论述。而FAE公式（事实+态度+期望）就是帮助讲话者在即兴发言的状况下，找到逻辑关系来展开表达，避免乱说一气。

举例：

某次，小王参加由省文明办组织召开的文明城市创建座谈会，会上领导讲话时，谈到全国各城市正在创新利用数字化等手段推进创建工作，很有成效。然后随机问小王，对智慧化城市建设管理有什么看法。小王只是大概听说过智慧化城市建设管理，略知一些皮毛。

小王这么说："实话实说，我对此不是特别熟悉。只是知道智慧化城市建设管理是运用现代科技的手段，如大数据、人工智能、物联网等，把城市连接起来，让城市建设管理运行的效率更高，让居住在城市的市民们更加便利。智慧化城市应该是大势所趋，是城市建设管理的大方向。目前，我们市也专门成立了大数据管理局牵头实施此项工作，前段时间，我们文明城市创建也利用12345市民热线、12342城市管理热线等数据平台来分析市民的投诉，并以此作为创建的重点，及时调整我们的工作思路。这也是利用智慧化城市管理的一个体现。（**事实**）我们创建的宗旨就是让市民生活得更好，所以，更好地推进智慧化城市建设管理非常有必要，也是今后我们文明城市创建的重要突破口。（**态度**）在这方面，期望我们市能够积极推进，全力做好各项工作，为全省带个好头。（**期望**）

○ "背·措·效"公式

即背景＋措施＋效果。这个公式主要用在介绍一件事情的来龙去脉，介绍一项工作，说明某个经验等场合。公式包含三个关键内容，一是背景，就是把做某项工作的背景，比如需要解决的问题，做这项工作的目的讲出来；二是措施，指的是做某项工作所采取的具体措施，解释是怎么做的；三是效果，最后就是讲这项工作取得的成效。

举例：

2018 年，我曾经在一个活动现场接受记者的突击采访，记者让介绍全市开展的文明交通车让人工作。我是这样说的：关于文明交通车让人活动，我首先介绍的是，为什么我们要搞这项活动，因为交通秩序是城市的窗口，直接展示一座城市的市民文明素质和城市文明程度。现在我市机动车保有量短时间内已经增长到近 300 万辆，不仅道路越来越拥堵，而且各类交通事故也越来越多，其中有的机动车经常和行人抢道，造成行人走到没有红绿灯的十字路口时不敢过马路。而这与我们倡导的城市文明是不相符的，所以我们就把车让人活动作为文明交通的切入口加以整治；（背景）其次我想介绍的是我们采取的一些具体措施，第一条是严格管理，对违反车让人的情况，统一扣3分罚款100元，将此作为一个硬杠杠。因为交通法明确规定，在没有交通信号灯的十字路口，机动车要主动礼让行人。所以车让人不是一个道德问题，而是法律问题。活动开展以来，我市交警部门切实加大执法力度，通过增加摄像头、上路值勤等多种手段，加大对车不让人行为的处罚力度。第二条是"以公带私"，就是我们先从"公"字头的车辆抓起，比如公务车、公交车、公务员的私家车等，通过制定详细的惩戒措施，如抄告制度等，把这些车辆先管起来，然后再来引导带动私家车，效果很好。第三条是开展丰富多彩的宣传活动，让更多的市民了解知晓，并积极参与到活动中来；（措施）最后介绍一下活动取得的效果，目前，我市文明交通车让人已经初见成效，许多人慢慢养成了斑马线前主动礼让行人的习惯，而行人目前在斑马线前也越来越自觉，有的还彼此谦让，这种礼让行为传递了城市的文明和温暖。（效果）

○ WWH公式

即 Why＋What＋How。这个公式适用于竞聘述职以及方案提报等目的性较强的即兴讲话。Why 指的是为什么要干某件事，以此来表达使命、目标、愿景、理念或目的；What 指的是做什么，在执行层面，说明具体要做的工作或事情；How 指的是怎么干，就是实现目标的具体操作方法是什么，具体怎么来做。上述公式的逻辑关系，是由内到外逐步展开，引领听众直逼问题本质。

举例：

某镇党委书记在 2022 年全镇"赓续·笃行·再启航"干部大培训开班动员会暨第一场培训会上，做了即兴发言。他是这样说的——

今天谈三个问题：

第一个问题是为什么学。（Why）镇党委举办干部大培训活动，一是推动全镇干部队伍建设的迫切需要，在新形势下，我们干部的知识结构、业务能力、理论素养及工作的方式方法与热情还需进一步提升，干部思考问题的站位及统筹全局的能力还需加强。二是推动各项工作落细落地落实的迫切需要，面对新形势、新任务、新要求，迫切需要广大干部强化担当，历练本领，提升素质，挑起大梁，在各条战线中当先锋、打头阵、做表率。

第二个问题是学什么。（What）一是学出绝对忠诚的政治品格，永葆"一颗红心"……二是学出一心为民的使命担当，坚守"一种情怀"……三是学出善作善成的能力本领，保持"一股韧劲"……

　　第三个问题是怎么学。（How）一是立足岗位学……二是带着问题学……三是聚焦重点学……每位干部都要加快知识更新、加强实践锻炼，使专业素养和工作能力跟上时代节拍，做到点线面相结合，练就理论联系实际的真功夫。要通过经常自我反省、自我净化，以与时俱进、昂扬奋发的精神风貌，埋头苦干、精益求精的踏实作风，把学到的理论同工作实践结合起来，与解决实际问题、推动具体工作结合起来。

本章要点总结

十种常用的即兴发言思路

☑ 虚实公式（感想＋行动）。把务虚和务实结合起来，务虚时谈感想，务实时谈行动。

☑ 三点公式（一二三）。把讲话内容分成三点来展开，使讲话更具条理性。

☑ 时间公式（按时间分阶段）。找出事物发展的几个关键时间点，并以此自然分段来展开讲话。

☑ 三到公式（看到＋听到＋想到）。先说看到了什么，再说听到了什么，最后再表达由此想到了什么。

☑ "问·原·方"公式（问题＋原因＋解决方案）。适用于对工作、生活中的某个问题或现象展开讨论。三个步骤，一是用事实陈述问题；二是客观分析问题产生的原因；三是提供解决问题的方案。

☑ "感·回·祝"公式（感谢＋回顾＋祝愿）。主要用在各类社交聚会场合。感谢，常用在讲话开头，表示礼节礼仪；回顾，指回顾过去发生的事；祝愿，表示畅想、祝福等。

☑ 破两难公式（分情况讨论＋不选 AB 而选 C）。适用于回答进退两难的问题，两种方法：一是分情况讨论，即设立一个角度或者评判标准，以此来做出判断；二是不选 AB，而选 C。

☑ FAE 公式（事实＋态度＋期望）。多用在评论自己不太熟悉的事情。通过描述事实（Fact）、表明态度（Attitude）、表达期望（Expect）三个维度，展开对某个事物的评述。

☑ "背·措·效" 公式（背景＋措施＋效果）。主要用在介绍工作或经验等场合。包含三块内容：一是背景，即做某项工作的背景；二是措施，指做工作的具体措施；三是效果，讲工作取得的成效。

☑ WWH 公式（Why ＋What ＋How）。适用于竞聘述职以及方案提报等目的性较强的讲话场合。Why 指的是为什么要干某件事，以此来表达使命、目标、愿景、理念或目的；What 指的是做什么，在执行层面说明具体要做的工作；How 指的是怎么干，实现目标的具体操作方法。

第十二章

结尾要有目的

好的讲话结尾要求语言简练、生动，更重要的是要能为讲话主旨服务，进一步表明讲话者的态度，力求实现讲话者的目标，给听众留下深刻印象。

▓ 即兴发言好结尾的标准

一般人在讲话过程中最为常见的问题之一，就是结尾仓促。在即兴发言过程中，这种情况更加普遍。好的讲话结尾不仅能给听众带来回味无穷、余音绕梁的感觉，还可以发人深思，催人奋进。如何做好即兴发言的结尾，从而使听众印象深刻呢？

首先来说好结尾的标准，怎样的结尾才是好结尾呢？要达到"自然、精准、凝练"六个字的要求。所谓自然，就是在逻辑上、语气上要与整篇讲话前后呼应，一气呵成，自然融为一体，不能为了结尾而结尾、生搬硬套；所谓精准，就是要紧扣讲话主题，与前面的讲话内容、与讲话者想要表达的中心意思相一致；所谓凝练，就是语句要简短有力，篇幅不宜太长。

▓ 即兴发言结尾的三种方法

1. 说出你最核心的思想观点

即对前面所讲的内容进行概括和升华，用结论的语气加重内容分量，以求给听众留下深刻印象。结论不等同于总结，总结是把前面所讲重点内容一一加以概括总结，力求全面细致；而结论在于把即兴讲话内容最核心最重要的思想观点提炼出来，形成某个结论，力求言简意赅，精准到位。

举例：

某市主要领导在全市招商引资工作专题会上围绕"思想观念创新、体制机制创新、工作方法创新、保障手段创新"等方面进行了即兴发言，在发言的结尾部分，他指出：总之，创新才有出路，创新才能加快发展；不创新，就无法摆脱困境，就只能是死路一条。因此，我们一定要以更大的气魄、更大的决心和更有效的措施推进招商引资创新，掀起新一轮以创新促招商发展的热潮。

2. 呼吁行动

明确自己的讲话目的，让听众听从讲话者的意见建议并按照所说的去执行。呼吁行动要注意三点：一是要简短有力，呼吁的内容尽量言简意赅；二是要具体，比如"注意交通安全"与"不要把头伸到车窗外"相比，后者就更为具体；三是要容易去做，这样大家才会去践行。呼吁行动，既可以是呼吁听众要采取的行动，也可以向听众介绍我们自己打算采取的行动。具体可以采取以下三种形式：

（1）将话语权交给听众，比如在讲话的结尾说："我的观点就是这些，看看大家还有什么意见或看法，我们一起交流沟通。"邀请听众参与互动对话。

（2）请求对方做出最终决定，比如你为了某项工作做了充分准备，恳请得到领导的认可支持，可以在讲话结束时说："希望您能批准，以便尽快推进这项工作。"

（3）介绍活动开展的具体分工或步骤。比如你在组织某团队活动，可以把任务分工作为结束语，可以说："小张，你负责会务材料；小李，你负责整体会务组织，包括通知、签到、会议记录、会场布置等；小王，你负责本次活动的宣传报道；小钱，你负责参与本次活动所有处级领导的对接协调。"

3.表达讲话者的强烈情感

通过表达感谢、祝贺、希望、致意等，充分表达讲话者的内心情感，以此来引发听众共鸣，和听众形成情感共同体，为即兴发言画上一个圆满句号。

举例：

在某项工作动员会上即兴发言的结尾：最后我想说的是，这项工作确实是时间紧、任务重，对我们的考验很大！但是同时，从过去我们那么多打硬仗的经历来看，我有充分的理由相信，我们一定可以完成任务！此项工作是否能够保质保量完成，直接关系到我们整个部门的荣誉，关系到整个城市的荣誉。让我们一起携起手来，撸起袖子加油干！

参加某个研讨会即兴发言的结尾：希望各位与会代表和我一样，畅所欲言、各抒己见。我们现在的百家争鸣，一定会换来以后的百花齐放！

参加某个培训班即兴发言的结尾：最后，我祝愿在座的各位都能持续精进，让我们每个人都有选择的能力，都能抓住成长的机会！

本章要点总结

即兴发言好结尾的标准

☑ 自然、精准、凝练。

即兴发言结尾的三种方法

☑ 说出你最核心的思想观点。

☑ 呼吁行动。

☑ 表达讲话者的强烈情感。

第十三章

即兴发言的
思维训练

即兴发言对讲话者的考验是多方面的。但总体来说，是对讲话者思维和心理的考验。思维反应速度和心理素质都是可以通过训练提升的，前文已经介绍了关于心理的训练方法，本章着重从思维训练讲起，帮助你通过训练提高思维反应能力，以更好地应对即兴发言。

▨ 卓别林训练法

据说，美国喜剧大师卓别林年轻时，经常和朋友们在一起玩一种益智游戏。具体是这么做的：每个人各在一张小纸条上写下一个题目，然后将纸条折起来，再把它们摇混在一起。接下来每个人轮流抽纸条。不论谁打开纸条，看到题目，马上要说上 60 秒钟，且同一题目只能回答一次。

卓别林回忆他参与游戏时曾说：那天晚上，我抽到的题目只有两个字"灯罩"，尽管如此，我也得谈。我集中说了灯罩的用途，当然你也可选取其他的角度。总之，只要你谈的话题是有关灯罩的都可以。幸运的是，那天晚上我总算过了关。然而重要的是，自从开始玩这个游戏以来，我们几个人的思维都机敏多了。对于各式各样五花八门的题目也有了更多的了解。但是，比这更有用的是，我们都学会了在瞬间就任何题目，随时能调用自己的知识和思想，我们学会了如何站着迅速思考、快速反应。

我也曾经和朋友们玩过这个游戏，经验告诉我，这种练习有四个好处：

一是让每个参与者的思维越来越敏捷；二是随机多样的

题目会让参与者对各种话题有更多的了解，拓宽知识面；三是证明人人都能站着思考、有话可说，纯粹的即兴发言是可以做到的；四是即兴发言能力的提高，使参与者在做有准备的当众讲话时，能更加自信。

在尝试卓别林训练法时，可以和家人、朋友一起来做，每个人都有可能碰到与职业或专业相距十万八千里、完全不相干的题目。比如，教师发现自己要回答的是有关保险推销的话题，公务员要回答关于企业管理的事，大学生要回答婚姻的话题等等，尽管抽到的题目与你的知识、经验、职业相差甚远，但要求是必须回答，能多说，就多说；说不了，就少说；实在说不了，也不能老实地说"我不知道"，必须学会巧妙地"滑过去"。

关于卓别林训练法的三点体会与建议：

一是务必要张嘴就说。正如前面章节所说，遇到即兴讲话场合，一开始可能我们并不十分清楚要说什么，但说着说着思路就慢慢开始清晰了，讲着讲着就知道怎么来讲了。与之相对应的是，如果遇到问题，我们不开口，越是沉默越是不知道如何来说。"张嘴就说"首先启动讲话能力，继而再激发思维能力，达到先说后想，最后边想边说的良好效果。

二是善于运用三点论。就是围绕说话主题，把要表达的内容，按照一定的逻辑顺序分成三个部分，在表述时加上"第一、第二、第三"等序数词。当然，即兴发言时有可能说不了三点，可能只有两点，没关系，只要加上序数词，就会给听众条理化的感觉。

三是学会讲故事。围绕一个话题，不讲道理、不展开说理，直接用故事来表达，这种即兴发言的表现形式往往效果更好。

▓ 散点连缀训练法

一般人在特定场合做即兴发言，这时虽然对马上说出一篇完整的讲话还没把握，但脑子里肯定已经呈现"命题映象"。所谓"命题映象"是指某个话题产生的表达意向，这是进行即兴发言的出发点。有人觉得即兴发言有压力，但这种压力也会使人急中生智。当然，这时候脑子里跳出的"灵感"或"思维点"还是支离破碎的，而且有稍纵即逝的可能。所谓散点连缀就是把这些"灵感"或"思维点"及时记录下来，然后经过快速筛选，将符合题目的"思维点"粘合起来，这样就可以形成即兴讲话的表达提纲了。

举例：

一位师范大学的毕业生到一所中学任教，学校专门为他召开欢迎座谈会。会上，他感慨万千，脑海里呈现出许多观点情景，他立即捕捉，"跳"出一个就写下一个：①万事开头难；②实习时家访中感人镜头；③觉得担子很沉；④希望老教师传帮带；⑤教育好学生是重要的职责使命；⑥陶行知说"做中学、学中做"；⑦有志者事竟成；⑧毕业离校时的决心；⑨当老师是我无悔的选择…最后他按②－⑧－⑤－⑨－③－①－④－⑥－⑦的顺序粘合起来，有了这些思维散点的连缀，稍做思考就变充实丰富了。当主持人请他发言时，他侃侃而谈。果然，他的即兴讲话赢得了一片掌声。

平时，我们可以进行触发训练，就是通过几个物件作为连缀的触媒，发挥想象力，感悟事理说一段话。

比如：钢笔、一副老花眼镜、一根正在燃烧的蜡烛。连缀表述，可以这样说"这极平常的三样东西，使我想起一位乡村教师。他至少五十开外，架着老花眼镜在一丝不苟地批改作业。乡村供电不正常，突然灯灭了。他摸索着找到火柴点亮了蜡烛。在昏黄摇曳的烛光下，他批改到一位大有长进的孩子的作业，欣慰地笑了。啊，烛光是知识之光，照亮了孩子的心田；烛光是生命之光，是人民教师的心血点燃，人民会永远记住教师的功绩！

再比如，如果说到"苹果"，你会想到什么？可以吃的苹果、乔布斯的苹果，还是砸了牛顿的苹果呢？又或者还能联想到别的……如果你想到的是水果中的苹果，那你可以说说苹果的好处、苹果的作用等等；如果你想到的是乔布斯的苹果公司，那你可以聊一聊科学技术创新；如果你联想到的是牛顿，联想到牛顿因为被苹果砸到而发现了万有引力定律，这就可以把苹果跟机会联系起来，机会总是留给有准备的人的……

建议在平时生活中，可以将看到的、想到的、碰见的任意事物，作为连缀的触媒，进行日常训练。训练过程中，要尽量发挥想象力，尽可能拓展思维，否则三言两语就说完了，会显得非常单薄。展开"思维点"要抓住横向拓展与纵向深化两个角度。另外，要学会"避"，在大量"思维点"中，众所周知的、自己知之不深或有争议的问题，要尽量避开，应全力抓住最有把握、最能体现主题和引起共鸣的东西来讲。

本章要点总结

思维训练的两种常用方法

卓别林训练法

☑ 一是务必要张嘴就说；

☑ 二是善于运用三点论；

☑ 三是学会讲故事。

散点连缀训练法

☑ 尽量发挥想象力，尽可能拓展思维。

☑ 展开"思维点"要抓住横向拓展和纵向深化两个角度。

☑ 要避开众所周知的、自己知之不深或有争议的问题。